dança moderna
FUNDAMENTOS E TÉCNICAS

dança moderna

FUNDAMENTOS E TÉCNICAS

MIRIAM GIGUERE, PhD
Drexel University, Philadelphia

Título original em inglês: *Beginning Modern Dance*
Copyright © 2014 Human Kinetics, Inc. Todos os direitos reservados.
Publicado mediante acordo com a Human Kinetics, EUA.

Este livro contempla as regras do Acordo Ortográfico da Língua Portuguesa.

Editor-gestor: Walter Luiz Coutinho
Editora de traduções: Denise Yumi Chinem
Produção editorial: Priscila Pereira Mota Hidaka e Karen Daikuzono

Tradução: Larissa Wostog Ono

Consultoria técnica: Nirvana Marinho
        Doutora e mestre em Comunicação e Semiótica pela Pontifícia Universidade Católica
            de São Paulo (PUC-SP)
        Graduada em Dança pela Universidade Estadual de Campinas (Unicamp-SP)

Revisão de tradução e revisão de prova: Depto. editorial da Editora Manole
Projeto gráfico: Vinicius Asevedo Vieira
Diagramação: Leandro Gonçalves Duarte
Capa: Depto. de arte da Editora Manole
Editora de arte: Deborah Sayuri Takaishi

Dados Internacionais de Catalogação na Publicação (CIP)
(Câmara Brasileira do Livro, SP, Brasil)

Giguere, Miriam
    Dança moderna : fundamentos e técnicas / Miriam
Giguere ; [tradução Larissa Wostog Ono]. -- Barueri,
SP : Manole, 2016.

    Título original: Beginning modern dance.
    Bibliografia
    ISBN 978-85-204-4103-9

    1. Arte e dança 2. Dança 3. Dança - Estudo e
ensino 4. Dança - Técnica 5. Dança moderna
6. Expressão corporal I. Título.

15-09525   CDD-792.807

Índices para catálogo sistemático:
1. Dança moderna : Cursos : Estudo e ensino
    792.807

Nenhuma parte deste livro poderá ser reproduzida, por qualquer processo,
sem a permissão expressa dos editores.
É proibida a reprodução por xerox.
A Editora Manole é filiada à ABDR – Associação Brasileira de Direitos Reprográficos.

Edição brasileira – 2016

Direitos em língua portuguesa adquiridos pela:
Editora Manole Ltda.
Av. Ceci, 672 – Tamboré – 06460-120 – Barueri – SP – Brasil
Fone: (11) 4196-6000 | Fax: (11) 4196-6021
www.manole.com.br | info@manole.com.br

Impresso no Brasil
Printed in Brazil

Notas:
O conteúdo deste livro destina-se a promover informações úteis ao público geral. Todos os leitores são aconselhados a procurar
orientação profissional antes de iniciar qualquer programa de atividade física, principalmente em casos de problemas específicos de
saúde. A autora e os editores eximem-se de toda e qualquer responsabilidade por prejuízos ou danos que possam ocorrer por
consequência direta ou indireta do uso de quaisquer informações contidas nesta publicação.

A consultoria técnica teve como foco a adequação da terminologia ao contexto brasileiro. A revisora colaboradora se exime de
qualquer responsabilidade em relação ao conteúdo e não atesta ou reforça a validade das informações publicadas, que expressam
a opinião exclusiva da autora.

Este livro é dedicado a Ralph, Natalie, William e Andrew Giguere, todos artistas e sábios à sua própria maneira, cujo apoio tem sido o alicerce de todos os projetos bem-sucedidos nos quais me envolvi.

Sumário

Sobre a autora ix
Prefácio xi
Agradecimentos xiii

1 Introdução à dança moderna 1
Definição de dança moderna 2
Benefícios do estudo da dança moderna 3
Princípios da aula de dança moderna 4
Expectativas e etiqueta para alunos 7
Estrutura da aula de dança moderna 8
Aspectos únicos da dança moderna 10
A dança moderna como uma arte da *performance* 12
Resumo 12

2 Preparação para as aulas 15
Roupas para as aulas 16
Transporte dos materiais para as aulas 16
Preparação mental e física 17
Resumo 24

3 Segurança e saúde 27
Segurança no estúdio 28
Segurança pessoal 28
Anatomia básica 30
Cinesiologia básica 33
Lesões comuns em decorrência da dança – tratamento e prevenção 35
Flexibilidade e alongamento 40
Alcançar a forma física ideal 42
Nutrição, hidratação e repouso 44
Resumo 47

4 Princípios da dança moderna 49
Elementos da dança 50
Movimentos prioritários na dança moderna 53
Posições básicas 56

Direções de palco 64
Movimentos básicos 64
Resumo 70

5 Princípios da composição em dança 71
Processo criativo em dança 72
Princípios estéticos 73
Criação de significados 75
Técnicas coreográficas 75
Estruturas coreográficas 79
Formas coreográficas 82
Resumo 83

6 *Performance* e expectativas na dança moderna 85
Aprendizado de movimentos para apresentação 86
Visão e expectativa das apresentações em dança moderna 90
Resumo 96

7 História da dança moderna 97
Origens da dança moderna 98
Evolução da dança moderna 101
Dança no ensino superior 119
Importância da dança moderna nos dias atuais 120
Resumo 121

8 Cinco estilos principais da dança moderna 123
Humphrey-Limón 124
Martha Graham 128
Merce Cunningham 131
Lester Horton 136
Katherine Dunham 140
Abordagem eclética 143
Práticas somáticas 144
Identificação da abordagem de seu instrutor 146
Resumo 148

Glossário 149
Referências bibliográficas 157
Índice remissivo 159

Sobre a autora

Miriam Giguere, PhD, é diretora do programa de dança do Departamento de Artes Performáticas da Drexel University, na Filadélfia, Estados Unidos, e atua como professora de dança moderna no ensino superior há 22 anos. Antes de ensinar no nível universitário, Giguere dançou profissionalmente com três companhias de dança moderna. Como diretora do programa de dança na Drexel University, criou o currículo para a graduação em dança a fim de incluir diversos estilos de dança moderna. Por meio de sua experiência como professora de dança em ambiente acadêmico, desenvolveu onze novos cursos e materiais de ensino relacionados.

Giguere é presença constante em conferências nacionais e internacionais sobre o tema das melhores práticas na educação em dança e cognição durante o processo criativo na dança. Sua dissertação sobre esse assunto recebeu em 2009 o *National Dissertation Award* da American Educational Research Association Arts and Learning Special Interest Group. Ela foi a principal palestrante convidada para a Conferência de Educação em Dança, em Cingapura, no ano de 2010. Possui mestrado em Educação pela University of Pennsylvania e doutorado em Dança pela Temple University.

Além disso, é membro da National Dance Educators Organization (NDEO) e do Congress on Research in Dance. Giguere também é membro do *Journal of Dance Education* e do *Journal of Emerging Dance Scholarship*.

Em seu tempo livre, Giguere gosta de praticar yoga e ficar com a família. Ela e o marido, Ralph, moram em Glenside, Pensilvânia, EUA.

Prefácio

A dança moderna como uma arte performática foi criada no contexto de uma necessidade de mudança. Desenvolveu-se no início do século XX, quando as mulheres estavam em busca de uma nova maneira de se expressar como membros independentes da sociedade, os artistas modernos estavam procurando formas inovadoras de explorar a experiência humana por meio da abstração e mudanças na sociedade vinham acontecendo em um ritmo cada vez mais rápido. A dança moderna nasceu em um momento de mudança e ainda hoje adota o ideal de que a arte pode refletir as mudanças na sociedade e no indivíduo. O estudo da dança moderna não consiste simplesmente em aprender novas maneiras de se movimentar; também diz respeito a embarcar em uma jornada pessoal a fim de explorar e refletir as mudanças em si mesmo e no mundo ao seu redor.

Este livro proporcionará a você a informação necessária para atingir êxito nas aulas de dança moderna. O Capítulo 1 aborda as peculiaridades de uma aula de dança moderna, bem como os princípios desse gênero. O Capítulo 2 explica como se preparar para a aula, tanto no aspecto psicológico como no mental. O Capítulo 3 oferece um guia para segurança, nutrição e prevenção de lesões. O Capítulo 4 revisa os conceitos e os princípios do movimento na dança moderna. O Capítulo 5 abrange os elementos da criação da dança, também conhecida como composição de dança. O Capítulo 6 trata de como observar e reagir a apresentações de dança. O Capítulo 7 oferece um panorama dos 100 anos de história da dança moderna. Finalmente, o Capítulo 8 relaciona essa história à aula técnica com ênfase nos cinco principais estilos de dança moderna. Esta obra o auxiliará a perceber a filosofia do corpo que constitui a base das aulas de dança moderna das quais você participará e a descobrir sua própria vocação artística durante o processo.

Partes do texto também são dedicadas às necessidades práticas dos dançarinos como, por exemplo, prevenir lesões, aquecer-se para as aulas e manter o corpo em forma para a dança. Este livro oferece ainda diretrizes para a prática cautelosa em aulas técnicas. Os elementos de criação dos estudos coreográficos e de observação da dança moderna também são abordados, de modo que você tenha uma visão mais completa do gênero.

O objetivo da dança moderna é oferecer aos dançarinos um repertório para desenvolver seu potencial criativo e artístico. Esta obra o ajudará a descobrir sua própria forma de expressão por meio da dança moderna, pela compreensão da história, da filosofia e dos elementos fundamentais dessa forma de arte performática.

Agradecimentos

Agradecimentos especiais a Jenna Boyes, Susan Deutsch, Olive Prince e Saroya Corbett, que revisaram partes do texto e cederam seu apoio e seus conhecimentos. Também agradeço a Rachel Ragland, cujo apoio e exemplo me deram a coragem de me comprometer com este livro, e aos alunos de dança da Drexel University, que ao longo dos últimos 20 anos doaram suas mentes, corações e corpos na busca do desenvolvimento artístico e pessoal por meio da dança moderna.

1
Introdução à dança moderna

Seja bem-vindo à arte da dança moderna! A aula que você fará será uma jornada por uma forma de arte que lhe ensinará não somente movimentos novos, mas também novas ideias. Você aprenderá a reagir à música com seu corpo, obter maior controle sobre seus movimentos, desenvolver força e navegar no espaço com outros dançarinos. A dança moderna – como você aprenderá – não é apenas uma atividade física, mas também uma forma de expressão. Durante mais de um século, dançarinos adentraram espaços como aquele no qual você realiza as aulas a fim de aprender a refinar sua habilidade de expressar ideias e emoções por meio do vocabulário de dança moderna. Este capítulo se inicia com um panorama da dança moderna e o que você pode esperar fazer em uma aula técnica para iniciantes.

Definição de dança moderna

Dança moderna é um termo que descreve muitos tipos de técnicas de dança. Em vez de ser apenas um estilo, a dança moderna é uma categoria de estilos de dança, em geral, referidos como um **gênero** de dança. Muitos dos principais estilos desse gênero são creditados a coreógrafos específicos que criaram novas formas de se movimentar e novos **vocabulários de movimento** baseados em suas filosofias pessoais (suas visões em relação ao funcionamento da dança como uma ferramenta artística). As técnicas Graham, Humphrey-Limón, Dunham, Horton e Cunningham são exemplos de estilos de dança moderna criados por coreógrafos eminentes do século XX. O termo *moderno* foi adotado para descrever essas formas de dança – em parte, pelo fato de ter suas raízes no movimento modernista do início do século XX. Tratava-se de um espírito de mudança na arte, na música, no *design* e no teatro que representou uma alteração das tradições existentes nas formas de arte para novas ideias que refletiam a modernização e a industrialização da sociedade. Ele promoveu o ideal de que a representação abstrata, em conjunto com a narrativa (relatos de histórias), deveria ser valorizada. Também relacionava-se a um espírito de mudança que se estendeu para além da arte e englobou os primórdios do movimento feminista, bem como outras mudanças políticas e sociais. A ideia de refletir mudanças na cultura ainda é uma parte importante da dança moderna. Essa forma de arte evoluiu por meio de uma série de transformações conduzidas por indivíduos dinâmicos que se rebelaram contra aspectos da sociedade e estruturas vigentes da dança clássica. Tais rebeldes – como você aprenderá – estavam determinados a encontrar novas maneiras de expressão. Esse espírito de rebelião e mudança ainda é parte integrante da dança moderna nos dias atuais.

Quando se ouve o termo *dança moderna*, muitos dançarinos imaginam que se trata de uma nova forma de arte; mas é o oposto, a dança moderna tem mais de 100 anos. Não há dúvidas de que é mais nova do que o *ballet* – datado do século XVII e da época do rei Luís XIV –, mas não é necessariamente uma forma nova. Embora consolidada no início do século XX, a dança moderna ainda é uma forma de dança vibrante e expansiva. Diversas formas novas e híbridas de dança moderna são criadas todos os dias; algumas são fusões de estilos criados pelos mestres do gênero dos anos 1930 e 1940, enquanto as demais são fusões da dança moderna com outros gêneros, como *jazz*, *ballet*, *hip hop*, danças africana e pós-moderna.

Dançarinos treinados em estúdios de dança particulares tendem, em geral, a associar a dança moderna aos termos **dança lírica** ou **dança contemporânea**. Embora essas formas de estúdio e competição possam apresentar alguns movimentos em comum com a dança moderna clássica profissional, a dança lírica, na verdade, refere-se a uma qualidade de movimentos. Um movimento lírico é fluido (ou seja, contínuo) e muitas vezes executado com música. As danças que você aprendeu em suas aulas de dança lírica ministradas no estúdio podem se aproximar mais do *ballet* contemporâneo ou poderiam ser o tipo de dança moderna que exibe essa característica na coreografia. De modo semelhante, contemporaneidade significa, em geral, que foi criado recentemente; é executado com música contemporânea; é uma fusão de *ballet*, *jazz* e estilos modernos; ou pretende ser um reflexo da vida contemporânea por meio da dança. Algumas danças modernas se encaixam nessa definição, mas outros tipos – baseados nos estilos de dança tradicionais e originais da modernidade –, não.

Mas o que, então, torna algo dança *moderna*? Nenhum limite estabelecido é colocado no mundo da dança profissional, e, ao se estudar diversos estilos de dança, muitos dançarinos treinam seus corpos para serem ferramentas versáteis para os coreógrafos. No entanto, conforme os objetivos deste livro e para tornar bem-sucedida a sua transição para as aulas de dança moderna, limitamos nossa definição desse estilo de dança a formas que têm pelo menos uma das características a seguir:

* Baseada em uma das técnicas codificadas pelos primeiros mestres, como Graham, Humphrey-Limón, Dunham, Horton ou Cunningham.
* Baseada em movimentos criados pelo uso da respiração, articulação do tronco (por exemplo, alinhada, inclinada ou contraída), uso do solo ou improvisação, sem a necessidade de posições de perna ou pés apontados para fora.
* Fusão de estilos de dança que utilizam o vocabulário de movimento do *ballet*, *jazz*, moderno, *hip hop*, afro-caribenho, capoeira e dança pós-moderna na mesma coreografia.
* Associação forte com o solo em escolhas de movimento; ênfase em movimentos de solo em pé e vocabulário de movimentos realizados em pé ou sentado no chão.

A dança moderna é uma forma mutável e vibrante de expressão física. À medida que você se familiarizar mais com a forma de arte, aprenderá sobre a variedade de movimentos de dança que constituem a dança moderna e perceberá a amplitude de ideias que fazem parte desse gênero. Talvez você até perceba o espírito de mudança que deu origem a esse tipo de dança.

Benefícios do estudo da dança moderna

Em geral, a dança é descrita como a síntese de corpo, mente e espírito – todos os três aspectos são motivos para estudar a dança moderna. Como qualquer disciplina relacionada à dança, o estilo moderno pode desenvolver controle muscular, força, flexibilidade, capacidade aeróbica e um senso completo de bem-estar físico. Estudantes de dança moderna obtêm uma consciência do funcionamento do corpo para expressar e comunicar ideias e sentimentos, bem como podem desenvolver uma sensibilidade em relação à linguagem corporal dos outros.

O aumento de consciência mental também é um resultado positivo frequente do estudo da dança. Aulas de dança regulares podem desenvolver sua habilidade de concentração, em particular se você trabalhar de forma cuidadosa e reflexiva – como descrita neste livro. A prática de focar na regularidade durante aulas técnicas pode aumentar a estamina no cérebro, o que auxilia na concentração. Aprender a assimilar sequências de movimentos não familiares de forma rápida – o que eventualmente será exigido de você em aulas de dança moderna – pode aumentar sua capacidade de observação. O uso de improvisação, tão comum em aulas modernas, desenvolve sua habilidade de agir com rapidez e estimula corpo e mente.

Dançarinos modernos imaginam, em geral, que os benefícios espirituais dessa forma de arte são tão poderosos quanto o desenvolvimento do corpo e da mente. A habilidade de liberar suas emoções de maneira segura e sentir o bem-estar psicológico como resultado chama-se catarse. Muitos dançarinos vivenciam esse sentimento com o pleno emprego da mente e do corpo por meio da dança. Estudantes que sentem as pressões dos estudos encontram alívio com a vinda ao estúdio e o ato de dançar. Além do prazer imediato sentido após a dança, pode ocorrer um desenvolvimento pessoal contínuo. Dançarinos atentos à conexão entre a habilidade comunicativa do corpo e seus aspectos internos começam a desenvolver uma **vocação artística**. Essa é a habilidade única de cada pessoa para explorar questões e ideias no mundo por meio de conceituações abstratas. A expressão por meio do instrumento da dança moderna é um caminho para o desenvolvimento da vocação artística. Cada dançarino vem aprender como ele, ou ela, gosta de se movimentar – rapidamente, devagar, em deslocamento, no ar, no solo – e como isso muda dia a dia de acordo com a disposição ou experiências. Os dançarinos começam a compreender quais movimentos apresentam o significado mais pessoal para si e quais tipos de dança parecem ser os mais naturais. Descobrir seus movimentos preferidos por meio da variedade de movimentos usados em uma aula de dança moderna é outro passo rumo a seu crescimento como artista e como pessoa. Você pode descobrir que um estilo de dança moderna ressoa de forma mais profunda em você do que outro, do mesmo modo que muitas vezes ocorre quando a visão de mundo, ou filosofia, que forma a base da técnica está em consonância com suas convicções. Aprender as ideias estéticas que jazem sob as formas tradicionais de dança moderna podem auxiliá-lo a clarear sua própria filosofia de vida.

Princípios da aula de dança moderna

Os três parceiros que tornam a aula técnica de dança moderna um sucesso são: o professor, o músico e os alunos. Todos eles possuem funções específicas para a consecução de um ambiente divertido, seguro e criativo com o objetivo de aprender e experimen-

Participar de uma aula de dança moderna é uma ótima maneira de engajar tanto o corpo como a mente.

tar. Quanto mais você compreender o que cada parceiro faz no processo, mais será capaz de extrair da aula e mais poderá apreciar o processo de aprendizado de novas maneiras de se movimentar.

Ambiente físico

Dependendo de onde você realiza as aulas de dança, elas podem acontecer em uma sala que tenha muitos recursos ou em um estúdio de dança dedicado a tal fim. Pode ser uma sala muito grande com corrimãos de metal ou madeira, chamados barras, que são presos às paredes ou portáteis e podem se sustentar sozinhos. A sala pode ter

> ### Dica de segurança
>
> Saiba usar adequadamente todos os equipamentos, inclusive barras, antes de utilizá-los no espaço de dança. Embora as barras pareçam muito firmes, elas não são destinadas a suportar seu peso total ao subir ou pendurar-se nelas; funcionam somente como apoio para você se equilibrar.

espelhos alinhados em uma parede. Eles estão lá para ajudar seu instrutor a ver todos na sala, e para você e seu instrutor verem sua forma e alinhamento. Embora os espelhos possam parecer um pouco intimidadores em um primeiro momento, você rapidamente se acostumará a usá-los para aprender. Em geral, estúdios de dança possuem chão de madeira ou vinil que cedem quando você pula ou aterrissa. Algumas aulas de dança são ministradas em academias ou auditórios sem barras nem espelhos.

Função do professor

Professores de dança são emissários da forma de arte. Como seu professor enxerga a dança moderna influenciará como a aula será conduzida e quais ideias serão apresentadas a você. As visões do instrutor podem influenciar muito sua compreensão sobre a dança como um meio expressivo e artístico.

Uma perspectiva comum para ensinar dança moderna é que os alunos apresentam grande responsabilidade ou poder na decisão do que eles aprendem. Isso significa que é função do professor não apenas dar novas informações aos alunos, mas também criar oportunidades para que eles explorem novas ideias. Isso permite que você progrida em seu próprio ritmo. Um aluno mais avançado não será prejudicado por alunos menos experientes durante a aula, pois cada dançarino aprenderá em um nível adequado por meio da experimentação pessoal.

Você pode esperar que, em determinado momento de sua aula de dança moderna, o professor dê um *feedback* ou críticas construtivas sobre sua dança. Isso pode ocorrer na forma de comentários para toda a sala ou direcionado a você. Pode ter certeza de que o professor não vai lhe dar qualquer *feedback* sobre sua execução que você não seja capaz de aplicar com a prática. Muitos professores esperam até que conheçam bem você e seus movimentos antes de dar qualquer *feedback* específico. Embora haja, sem dúvida, parâmetros relacionados a forma, alinhamento, estética e segurança que guiarão um *feedback* do professor aos alunos, não há verdades absolutas na dança moderna. Há muitas formas bem-sucedidas de executar um movimento quando você dança de maneira artística, e não mecânica. O professor então pode dar a você um *feedback* especializado, mas não uma avalição absoluta. A responsabilidade do professor é fornecer ideias com as quais você possa explorar, experimentar e guiar-se em seu próprio aprendizado. Isso é conhecido como **abordagem orientada ao processo.**

Função do músico

Muitas aulas de dança moderna possuem acompanhamento ao vivo. Pode ser piano, bateria, guitarra ou uma combinação de instrumentos. O músico não é apenas uma fonte de som e ritmo para dança. Ele é outro artista na aula, que cria inspiração e atmosfera. Músicos podem executar partituras que se encaixam em **tempo**, qualidade e **pulso** do exercício de dança; ou eles podem improvisar (criar música espontaneamente para acompanhar o que se observa em aula). Pelo modo como ele toca ou executa a música, o acompanhador dará dicas aos dançarinos sobre quando os movimentos se alteram ou pistas para indicar quando os dançarinos devem começar a se mover. Ouça com atenção e você sentirá a música como apoio à sua dança. O músico que toca em sua aula é uma boa fonte para a compreensão de muitas ligações entre música e dança. O estilo de música que ele seleciona para acompanhar um exercício pode fornecer a você informações sobre as características do movimento por si só. Você ouve um som suave e lírico? Você tem uma sensação de alegria e vigor na música? Dançar com os ouvidos e os olhos pode intensificar muito a capacidade artística de sua dança. Um bom músico compreende sua responsabilidade para ajudá-lo a realizar isso. Alunos o auxiliam nesse esforço ao não permanecerem em pé de modo a bloquear sua visão dos dançarinos

Função do aluno

Alunos de dança moderna possuem responsabilidades em relação a si mesmos. A primeira delas é participar da maneira mais plena possível. Embora alguns movimentos da dança moderna possam ser desconhecidos, ou a ideia de improvisar possa parecer constrangedora em um primeiro momento, pouquíssimo progresso pode ser feito na técnica sem sua participação física e mental completa. Uma saída para essa participação é observar o professor o mais próximo possível e ouvir com atenção todas as instruções e imagens que podem ser fornecidas em um exercício específico. Pensar que você sabe fazer um passo pelo fato de ter anos de treinamento e não ouvir com cuidado a variação do passo apresentada à sala são atitudes prejudiciais a seu progresso. Dançar da forma que

Música ao vivo pode inspirar sua dança.

você dançava antes apenas reforçará técnicas antigas ou, talvez, maus hábitos. Para progredir, esteja aberto à possibilidade de que passos conhecidos podem ser realizados de maneiras novas. Mantenha a mente aberta para ideias novas ou desconhecidas.

Expectativas e etiqueta para alunos

Como qualquer atividade social ou relacionada à escola, aulas de dança possuem tradições e regras de conduta. Isso permite que você participe com segurança e cooperação com os demais, ao mesmo

> ### Você sabia?
>
> Dança e música são artes irmãs. A música na aula de dança moderna apoia o aprendizado sobre movimento e música, ao mesmo tempo que intensifica a experiência de sala de aula. Muitas aulas de dança moderna têm músicos que criarão a música de acordo com o que você está dançando. A coreografia da dança moderna pode ter música original também. Diversos dançarinos modernos famosos, como Martha Graham, consideravam os compositores entre os colaboradores mais importantes no processo criativo e tiveram músicas especialmente criadas para suas coreografias.

tempo que contribui para uma aula sem percalços. Essas tradições e regras incluem como e quando interagir com o professor, o músico e outros alunos, e como se preparar para a aula.

Preparação e prática

Espera-se que você venha preparado em todas as aulas, com trajes apropriados. A preparação também inclui praticar o que você aprendeu na aula anterior. O tempo de prática durante a aula não é suficiente para você aprender movimentos ou passos de maneira eficiente. Você deve reservar pelo menos 15 minutos diários para praticar novos movimentos e combinações aprendidos. Durante a aula, você deve mostrar respeito por seu professor e colegas: não conversar com outros alunos e aguardar até que o instrutor faça perguntas. Para preparar-se melhor para sua próxima aula, faça anotações mentais ou escreva novos passos para praticar futuramente, encontre parceiros para praticar depois da aula e use quaisquer recursos que seu professor fornecer. A maioria dos professores de dança está disponível após a aula ou com horário agendado, caso você necessite de mais instruções. Tire vantagem de qualquer prática adicional ou tempo de ensaio. Videoclipes de posições ou passos podem ser muito eficientes enquanto você pratica.

Tenha paciência consigo! Demora até que seu corpo se adapte a mudanças na rotina e no treinamento. Parte dessa paciência significa encontrar perspectiva em seu progresso e fracassos, portanto dedique tempo para refletir sobre novas informações, habilidades e perspectivas. Correções e *feedbacks* do professor são elogios. Eles dizem a você não que o professor pensa que você fez algo errado, mas que você tem potencial para melhorar. Manter essa perspectiva e ser paciente com as mudanças feitas em sua técnica são atitudes que irão acelerar seu progresso como dançarino.

Assiduidade

Perder aulas significa perder oportunidades de aprender, o que o coloca para trás em seu desenvolvimento como dançarino. Isso pode demonstrar que você não leva a aula nem o professor a sério. Se você tiver de faltar a uma aula, contate seu professor para tomar conhecimento das habilidades perdidas e descubra como você pode compensar o tempo de prática.

Pontualidade

Algumas atitudes demonstram desrespeito em relação à aula, a seus colegas e ao professor. Chegar atrasado é uma delas. Você deve chegar à aula com pelo menos 10 minutos de antecedência a fim de se preparar mental e fisicamente para tal. Seu professor pode passar a você alguma atividade antes do aquecimento a fim de auxiliá-lo na preparação para a aula.

Roupas adequadas

Seu vestuário mostra sua seriedade para aprender em uma aula técnica. Trajes de dança que cobrem os joelhos e o abdome são essenciais. Muitas aulas de dança moderna exigem que você movimente os joelhos no solo, portanto, cobri-los com malhas ou calças protegerão sua pele. Embora a vestimenta apropriada em alguns estúdios de dança particulares permitam *shorts* curtos ou *tops* que deixam exposta a barriga, a tradição na dança moderna é evitar esse tipo de roupa. De maneira similar, acessórios de moda como lenços e joias não são aceitos e podem até provocar lesões caso se emaranhem em roupas ou no cabelo. Mantenha seu cabelo preso e afastado do rosto. Cada escola terá sua própria política para vestuário. Algumas exigem que os alunos usem estilos específicos de *collants* e calças justas, ou calças justas e camisetas para homens. Outras escolas permitem uma escolha mais pessoal. Seu professor provavelmente irá especificar o traje apropriado antes de sua primeira aula. A maioria das aulas de dança moderna exige pés descalços em vez de calçados. Alguns professores permitem meia-sapatilhas ou calçados específicos para dança moderna, mas as abordagens tradicionais de dança moderna esperam condicionar a pele das solas dos pés, e o uso de um calçado moderno impede esse progresso. Mais uma vez, verifique com seu professor ou escola para determinar a política sobre calçados nas aulas.

> ### Dica técnica
>
> Nas aulas, não tente se equiparar a outros dançarinos. Não há um tipo de corpo que seja melhor – a não ser um saudável – na dança moderna. Estilos diferentes de dança moderna preferem diferentes tipos de dançarinos, tanto física como artisticamente. A dança moderna não diz respeito a colocá-lo em um modelo, e sim a encontrar sua vocação artística por meio da dança.

Estrutura da aula de dança moderna

A estrutura de uma aula técnica de dança moderna depende do estilo de dança ensinado. Os estilos de dança moderna serão examinados posteriormente neste livro, mas para fornecer uma ideia do que as aulas de dança moderna têm em comum quanto à estrutura e ao conteúdo, uma visão geral é apresentada aqui.

Cada aula de dança moderna consiste em seis elementos. A ordem dessas partes pode variar, e alguns professores podem combinar certos elementos em uma parte da aula. Em geral, contudo, você deve esperar participar de um aquecimento, realizar exercícios em pé, no solo ou sentado e de movimentação pelo solo, além de combinações de movimento e um desaquecimento.

Aquecimento

A aula de dança possui estruturação de modo a aquecer seu corpo de forma gradual. Tanto os exercícios em pé como os sentados irão preparar seu corpo para realizar as combinações de dança mais vigorosas ao final da aula. Muitos dançarinos gostam de se aquecer de alguma forma antes da aula, de modo que estejam preparados para realizar os exercícios do início da aula de maneira ainda mais plena. Se você quiser fazer esse tipo de aquecimento geral, realize movimentos contínuos para elevar a temperatura corporal. Os movimentos não precisam especificamente ter relação com dança. Corrida lenta ou caminhada intensa, bem como giros de articulação aumentarão suavemente seus batimentos cardíacos e darão início ao processo de elevação da temperatura corporal. Um bom aquecimento deve provocar algum suor, porém sem fatigá-lo. Apenas cinco minutos dessa atividade antes de uma aula de dança irá preparar melhor seu corpo, em especial se for sua primeira aula do dia.

Exercícios em pé

Uma boa parte da aula de dança moderna acontece quando se está em pé no centro da sala. Os exercícios que você realiza aí desenvolvem habilidades físicas específicas, coordenação e compreensão da estética do gênero. Tais exercícios incluem sequências de movimentos para articulação de pés, pernas, costas e braços. A coordenação dessas partes do corpo é, com frequência, enfatizada nesse momento da aula. A forma como os movimentos são reunidos em braços e pernas varia de estilo a estilo, dentro da dança moderna. Você pode aprender as preferências de seu professor ao prestar atenção no modo como ele reúne os exercícios nessa parte da aula: por exemplo, os braços e as pernas trabalham em oposição (braço direito com a perna esquerda)?; a parte superior do corpo geralmente curva-se na direção da perna que é trabalhada ou afasta-se dela? As respostas a essas perguntas e outras observações que você fará lhe ajudarão a ter uma noção dos diversos estilos de dança que se enquadram no termo *dança moderna*.

Exercícios no solo ou sentados

Em alguns estilos de dança moderna, essa é a primeira parte da aula; em outras, ocorre mais tarde. Os exercícios nessa parte da aula são realizados em posição sentada ou deitada no chão do estúdio. Esses exercícios podem enfatizar a coordenação das

O solo é uma fonte de energia e um parceiro em seu treinamento de dança moderna.

partes do corpo como um todo sem a preocupação com equilíbrio ou gravidade. Os exercícios no solo, em geral, destinam-se ao desenvolvimento da flexibilidade ou da força do *core*. Exercícios de solo também são importantes por se tratar de uma maneira de explorar a ideia de ponderação, que é um conceito central na dança moderna. Aprender a se submeter à gravidade, empurrar-se em direção ao solo e utilizar a superfície do chão como um parceiro para criar ou executar movimentos podem ser desenvolvidos nessa parte da aula.

Movimentação no solo

Após estar suficientemente aquecido pelos exercícios em pé e sentados, você aprenderá sequências de movimento que percorrerão o espaço do estúdio, seja de um lado a outro da sala ou de um canto da sala para o canto oposto. Há dois objetivos nessa parte da aula: o primeiro é aprender habilidades **locomotoras**, movimentos que percorrem o espaço, como uma caminhada ou corrida estilizadas, salto alternado (*skip*), saltos (*hop*), galopes, deslizamentos, pulos (*jump*), *leaps* ou giros. O segundo objetivo dessa parte da aula é reunir sequências de movimentos que percorrem o espaço. Dançarinos se alternam durante essa parte da aula, em geral, com dois, três ou quatro por vez (dependendo do tamanho da turma) para percorrer o solo ao mesmo tempo. Movimentos nessa parte são geralmente realizados tanto do lado direito da sala como do esquerdo, de modo que você consiga aprender a completar os movimentos em ambos os pés.

Combinações de movimentos

A maioria das aulas de dança moderna termina com uma combinação de movimentos, quando seu professor cria uma pequena dança, que pode ser constituída de outros movimentos que você aprendeu na aula daquele mesmo dia ou por material novo. A duração da dança varia de acordo com o professor, mas, em geral, é suficiente para que você consiga desenvolver sua habilidade de recordar sequências de movimento. Algumas combinações percorrem o espaço, outras acontecem no centro do solo. Às vezes, combinações serão iniciadas em uma aula e concluídas ou acrescentadas durante aulas sucessivas. Se a escola onde você faz as aulas termina o semestre com uma apresentação informal de danças, esse é o momento da aula em que você muito provavelmente trabalhará nesse material.

Desaquecimento

A maioria das aulas de dança moderna termina com um breve exercício de fechamento. Às vezes, é uma sequência de movimentos que alonga suas pernas; em outras, consiste em movimentos lentos que voltam seus batimentos cardíacos e respiração ao normal depois de uma combinação vigorosa. Alguns professores fazem seus alunos se disporem em círculo para observações finais ou reflexões. Em geral, há aplausos no final da parte de desaquecimento. Se você tiver um músico em aula, é apropriado direcionar alguns aplausos a ele, assim como ao professor.

Aspectos únicos da dança moderna

Cinco aspectos de uma aula de dança moderna são diferentes daqueles de outros estilos de dança: ênfase em movimentos de solo, uso de improvisação com movimentos estruturados, uso da coluna vertebral curvada e reta, incorporação de pernas voltadas e paralelas, e uso de pés flexionados e apontados. Cada estilo de dança moderna e cada professor dentro daquele estilo dará ênfase a essas características únicas da dança moderna de modo diferente. Essas escolhas se referem às preferências estéticas ou qualidades artísticas de cada estilo da dança moderna. As especificidades das diferenças entre os cinco estilos principais de dança moderna serão abordadas com profundidade no Capítulo 8, mas, em geral, aulas de dança moderna possuem os aspectos em comum apresentados a seguir.

Movimentos de solo

A estética da dança moderna utiliza, em geral, o solo em coreografias. Movimentos de queda ao solo, assim como aqueles de permanência nele são, com frequência, vistos na dança moderna, na qual o solo representa uma parte válida e útil do palco para a coreografia. Alguns estilos de dança moderna consideram o solo como representante da fonte de energia e força para o dançarino, enquanto outros o consideram um símbolo de entrega ou rendição à força da gravidade. Em qualquer caso, muitas coreografias giram em torno de seu uso.

Movimentos improvisados ou interpretados

Improvisação em uma aula de dança moderna significa pedir aos dançarinos que criem movimentos por conta própria. Em geral, podem ser alguns movimentos inseridos no final ou no início de uma frase coreográfica ensinada pelo instrutor. Essa pode ser uma parte separada da aula ou incorporada em uma ou mais partes da aula, como já descrito. Nem todos os professores modernos incluem improvisação em suas aulas; se o fizerem, trata-se de uma boa oportunidade de sintonizar-se com sua própria vocação artística. O objetivo é aprender a reagir, naquele momento, aos impulsos que você sente com a música ou às imagens fornecidas nas instruções para a improvisação e expressá-los por meio do movimento. Essa reação pessoal é uma parte importante da aula de dança moderna. É uma chance de você desenvolver seu próprio repertório artístico de movimento. Exatamente da mesma forma que os criadores da dança moderna buscaram novas maneiras de se expressar, como um dançarino moderno atual você é incentivado a fazer o mesmo. Ouça seus impulsos internos e encontre sua voz interior.

Muitas formas de dança moderna incorporam o uso de improvisação como uma maneira de criar coreografias; outras a utilizam como um estilo de *performance*. Isso significa que em algumas formas de dança moderna os movimentos da apresentação não são fixos, são criados no momento em que ela ocorre. As instruções para essas *performances* ainda são ensaiadas, e os dançarinos recebem apenas determinada liberdade de expressão quanto ao tipo de movimentos permitidos. Em outros casos, os dançarinos improvisam sob a direção do coreógrafo, que molda seus movimentos e cria uma parte da coreografia que inclui os movimentos inventados pelos dançarinos. Em qualquer um dos casos, a habilidade de criar movimentos pode ser valorizada em uma aula de dança moderna.

Uso da coluna vertebral

Muitos estilos de dança moderna criam diversos movimentos que iniciam no centro do tronco. Os movimentos preferidos na dança moderna incluem tanto a coluna vertebral reta como uma linha curva ou torcida. Isso significa que as aulas de dança moderna terão como foco a articulação da coluna vertebral, de modo que os dançarinos possam aprender a moldar o tronco em uma variedade de direções, conforme a necessidade do coreógrafo.

Posições paralelas e rotacionadas

Referem-se ao uso de pernas rotacionadas, bem como o trabalho com os pés e os quadris voltados para a frente – uma posição conhecida como paralela. Mais detalhes sobre as diferenças entre elas serão discutidos no Capítulo 4.

Ponta esticada e pé flexionado

Pés flexionados e pontas esticadas são utilizados no vocabulário de movimento da dança moderna. Pé flexionado é aquele cujos dedos estão voltados para cima, com o tornozelo flexionado em um ângulo de 90°. A ponta esticada é aquela posição em que os dedos estão estendidos para a frente. Seu professor irá esclarecer qual tipo de articulação do pé você precisa utilizar.

A dança moderna como uma arte da *performance*

Para extrair o máximo de suas aulas técnicas – assim como de qualquer aula que você frequentar –, é preciso compreender o contexto da informação que você aprende. Em outras palavras, qual é a "visão geral"? Como aquilo que você aprende em aulas técnicas se conecta com a arte da dança, conforme praticada por profissionais ou por dançarinos em todo o mundo? A melhor maneira de obter uma compreensão desse contexto é assistir a uma apresentação de uma companhia de dança moderna profissional. A maior parte das principais cidades possui teatros em que a dança moderna é apresentada tanto por companhias locais como por nacionais em turnê. Se você não reside em uma região onde a dança moderna seja apresentada com regularidade, há disponíveis muitos registros em vídeo. Quanto mais você assistir a coreografias, melhor será sua compreensão da arte da dança moderna. Essas experiências lhe ajudarão a ver não apenas a grande variedade de dança desse gênero, mas também as características que as apresentações de dança moderna têm em comum. Além disso, podem auxiliá-lo a perceber a variedade de tipos físicos que constituem o mundo da dança moderna profissional e como o coreógrafo pode fazer uso de corpos articulados e treinados para criar essa forma de arte. Apresentações de dança ao vivo e vídeos de dança profissional também são excelentes materiais nos quais se espelhar em seu diário de dança. Mais direcionamentos para assistir a apresentações de dança e diários de dança serão apresentados no Capítulo 6.

Resumo

A dança moderna se refere a diversos estilos de dança que surgiram no início do século XX durante uma época de rebelião e mudança. Esses estilos, muitos dos quais se originam diretamente de figuras histórias da dança, têm em comum o uso do solo, da articulação do tronco, da respiração e, em geral, da improvisação. A dança moderna da atualidade envolve, com frequência, uma fusão de vocabulários de movimento. Estudar dança moderna pode ajudá-lo mental, emocional e fisicamente, pois você aprende a encontrar sua própria vocação artística e a expressar quem você é por meio de movimentos. Essa é uma habilidade que dançarinos trabalham no decorrer da vida. Determinadas regras de comportamento serão esperadas de você em uma aula técnica de dança moderna, inclusive utilizar a roupa apropriada e ser respeitoso com o professor, o músico e os outros alunos. Você pode esperar participar de: exercícios na posição sentada e no solo, movimentos realizados no solo, combinações de movimentos e um desaquecimento.

2
Preparação para as aulas

Aprender uma nova forma de arte é uma oportunidade empolgante em sua formação. Ao frequentar aulas de dança moderna, você tem a oportunidade de se expressar de uma nova maneira e explorar um mundo de movimento que o conecta a alguns dos artistas mais inovadores dos séculos XX e XXI. Para melhor se beneficiar de sua experiência nas aulas de dança moderna, você precisará estar preparado tanto física como intelectualmente. Este capítulo destaca as etapas para a preparação física e mental, bem como ideias para ampliar o desenvolvimento de novas habilidades. Essas preparações incluem aprender como guiar sua própria jornada na dança moderna, de modo que você tire o máximo proveito da experiência.

Roupas para as aulas

O vestuário tradicional para uma aula de dança moderna é um *collant* e calças, bem como pés descalços, embora muitos estúdios e escolas permitam roupas de ginástica justas, como calças de ioga ou regatas. Em muitas aulas, os alunos têm liberdade para escolher seu próprio vestuário, embora seja comum que escolas ou professores possuam um código quanto a isso. Portanto, certifique-se de perguntar a seu instrutor qual é a expectativa para sua aula. Mulheres podem encontrar sutiãs de dança ou esportivos em muitas lojas do gênero ou de equipamentos esportivos. Suportes para dança são recomendados para homens. Semelhantes a coquilhas, os suportes são destinados especialmente para a dança; eles protegem os genitais e eliminam linhas visíveis sob as calças.

Não importa o que você vista, o traje deve permitir caimento adequado, suporte, conforto e ampla liberdade de movimento. Antes da aula, retire joias para garantir a sua segurança e a dos outros dançarinos. Também por motivos de segurança, coloque o cabelo para trás (mesmo que seja curto) e o afaste do rosto. Há diversos tipos de meia-sapatilhas ou sapatos de dança moderna, mas eles não são necessários para a participação em uma aula de dança moderna. Alguns dançarinos gostam desses calçados pelo fato de facilitarem o giro; alguns professores os proíbem porque impedem o contato com o solo. Mais uma vez, pergunte a seu instrutor a respeito de calçados e vestuário para garantir que você esteja bem preparado.

Estes alunos estão vestidos adequadamente para a aula, com roupas confortáveis, de bom caimento, e os cabelos presos para trás.

Transporte dos materiais para as aulas

Utilize uma bolsa de dança para transportar suas roupas, sapatos e outros itens para a aula. Você pode encontrar bolsas criadas especificamente para equipamentos de dança em lojas especializadas e na internet, mas bolsas de academia também funcionam bem. As bolsas podem se tornar pesadas quando contêm uma variedade de itens que você raramente precisa utilizar, portanto faça escolhas conscientes em relação ao que você precisa para antes e depois da aula. Itens a se considerar incluem:

- Toalha.
- Desodorante.
- Bandagens adesivas ou fitas especiais para os pés, disponíveis em lojas de material cirúrgico.
- Presilhas, grampos, elásticos, redes de cabelo e bandanas.
- Uma bola de tênis ou faixa elástica para auxiliar no alongamento.
- Uma bolsa à parte para roupas úmidas ou usadas.
- Produtos de higiene pessoal e toalha extra, se você pretende tomar banho depois da aula.
- Garrafa de água e lanche leve para depois da aula.
- Caderno ou outros itens para fazer anotações depois da aula.

Após a aula, é fácil jogar suas roupas de dança úmidas e sapatos na bolsa de dança, fechá-la e ir embora. Se sua aula for no início do dia ou se o clima estiver quente, separe suas roupas usadas dos sapatos e de outros itens que estão em sua bolsa de dança. Retire os itens usados, coloque os sapatos para arejar e deixe sua bolsa de dança aberta antes de arrumá-la para a aula seguinte.

Preparação mental e física

Vestir-se para as aulas ajuda você a obter a aparência de um dançarino, mas não é a única parte da preparação – também é preciso se preparar mental e fisicamente. Para que você tenha tempo adequado a fim de preparar sua mente e seu corpo para a aula, crie o hábito de chegar cedo ao estúdio.

Preparação física

Uma vez que a aula de dança moderna envolve atividade física, é uma boa ideia aquecer seu corpo imediatamente antes do início da aula. A maioria das aulas de dança terá início suave, de modo que seu corpo possa se adaptar a movimentos mais amplos, mas também é precioso estar fisicamente preparado antes do início da aula. A fim de preparar os músculos para as exigências que ocorrerão em aula, é necessário ter boa circulação sanguínea. O sangue supre os músculos com o oxigênio necessário para realizar flexão e contração. Você desejará fazer sua circulação funcionar com caminhada, trote sem sair do lugar ou outra atividade aeróbica suave. Os músculos também precisarão de glicogênio – ou açúcar sanguíneo – para funcionar. Isso significa que você precisará suprir seu sistema com alimentos e água. O Capítulo 3 apresentará detalhes sobre as necessidades nutricionais dos dançarinos, mas, em geral, tenha a certeza de não se alimentar imediatamente antes da aula, pois isso pode provocar cólicas estomacais. No entanto, não vá para a aula com fome. Você corre o risco de lesionar os músculos ao dançar com combustível insuficiente. Leve água para beber durante a aula, mas deixe bebidas esportivas para depois da atividade.

A prática comum é chegar ao estúdio com 20 minutos de antecedência em relação ao início da aula, se sua agenda assim o permitir. Você pode se dedicar aos itens 1 e 4 em outro momento, se sua agenda for apertada, mas deve dedicar algum tempo à preparação física e mental antes da aula iniciar. Cerca de 20 minutos antes da aula permitirão que você faça o seguinte:

1. Cinco minutos para se vestir de maneira adequada para a aula. Na maioria dos lugares, isso incluirá guardar sua bolsa em um armário ou vestiário. É melhor não levar bolsas consigo para o estúdio. Certifique-se de que seu celular está desligado, de modo que não interrompa a aula. Calçados utilizados na rua não são permitidos no chão do estúdio de dança, portanto tenha a certeza de retirá-los quando entrar no vestiário.
2. Cinco minutos de atividade aeróbica leve, como corrida ou caminhada para elevar o fluxo sanguíneo.
3. Cinco minutos para trabalhar em alongamento ou em uma habilidade específica na qual você se concentrará em aula; recordar a combinação, caso esta seja repetida ou acrescida, e avaliar como está seu corpo. Durante esse período, pergunte a si mesmo se possui quaisquer lesões com as quais deve ter cautela em aula ou alertar o professor a respeito. Esse é um bom momento para recordar-se de objetivos específicos nos quais você deseja trabalhar na aula.
4. Cinco minutos para socialização e para conhecer seus colegas dançarinos. Afinal de contas, a dança também diz respeito a desenvolver uma comunidade artística, e a comunicação entre os dançarinos é necessária para constituir isso.

A dança moderna é uma atividade física maravilhosa que pode melhorar sua forma física; esta pode estar relacionada a habilidades motoras ou à saúde. **Componentes da aptidão relacionada à saúde** que podem ser desenvolvidos com a dança são a força muscular e a resistência, flexibilidade e composição corporal. **Componentes da aptidão relacionada à forma física** consistem em coordenação, agilidade, equilíbrio, força, tempo de reação e velocidade.

Força e resistência musculares

Força muscular é a capacidade dos músculos de manifestarem força máxima contra uma resistência, enquanto **resistência muscular** é a capacidade dos músculos de manterem força repetitiva durante um período. A dança moderna melhora a resistência muscular ao forçar os músculos a realizarem contrações repetitivas – o que pode melhorar o tônus muscular, a força dos tendões e ligamentos, bem como a densidade óssea, resultando no desenvolvimento da força muscular.

Flexibilidade

Flexibilidade é a capacidade da articulação de se mover livremente na amplitude de movimentos completa. A flexibilidade é importante na dança moderna porque proporciona uma amplitude maior de movimento, portanto exercícios de flexibilidade são geralmente incluídos em aula. Músculos possuem propriedades elásticas e reagem ao alongamento por meio do alongamento temporário. Embora cápsulas articulares, ligamentos e tendões não sejam elásticos, com o alongamento apropriado podem se alongar de maneira permanente e aumentar a amplitude de movimento. Manter uma amplitude de movimento apropriada nas articulações aumenta a qualidade de vida e melhora a técnica de dança. Sempre utilize a técnica apropriada quando alongar qualquer músculo, de modo a não esticá-los ao ponto de provocar lesões.

Composição corporal

A **composição corporal** consiste em músculos, gordura, ossos e outros tecidos que constituem o peso total de uma pessoa. No passado, médicos e treinadores utilizavam tabelas de altura e peso para determinar o peso corporal recomendado para a saúde ideal. No entanto, determinar quanto do peso total do corpo é gordura pode proporcionar às pessoas um objetivo mais realista e saudável para o peso corporal. A composição corporal pode ser definida por meio do peso hidrostático (sob a água), prega cutânea tricipital, medida da circunferência abdominal, bioimpedância elétrica e deslocamento de ar. Para determinar sua composição corporal, busque ajuda profissional. Quanto mais você se envolver em uma atividade física, como a dança, mais sua composição corporal poderá atingir um nível saudável.

Aptidão relacionada à forma física

A dança moderna exige *performance* motora efetiva. Com a prática, estas habilidades podem ser desenvolvidas:

Agilidade é a habilidade de mudar posições e direções corporais.
Equilíbrio é a habilidade de manter o corpo em equilíbrio apropriado.
Coordenação é a integração dos sistemas nervoso e muscular para realizar movimentos corporais harmoniosos.
Força é a habilidade de produzir o máximo de força em um período curto de tempo.
Tempo de reação é o tempo exigido para iniciar uma resposta a um estímulo.
Velocidade é a habilidade de impulsionar o corpo de um lugar a outro.

Além da preparação física necessária para estudar dança moderna, você precisa estar mentalmente preparado para a aula.

Preparação mental

Embora possa ser tecnicamente possível trabalhar o corpo sem considerar o lado mental da dança, isso não o treina para ser um dançarino – é, em parte, o que diferencia a dança do exercício recreativo. Você pode participar de aulas de aeróbica por meio da observação e do acompanhamento; contanto que garanta o alinhamento de seu corpo por motivos de segurança, você fará uma boa aula. Isso não ocorre com a dança. Em vez de se movimentar como o professor, você precisa levar em consideração como seu corpo se sente, o que pode ser muito diferente da maneira como o professor ou seus colegas vivenciam o movimento. Você é, de muitas maneiras, seu próprio professor em uma aula de dança. Você é o único especialista em relação a como se sente ao realizar os movimentos ou a quais emoções são invocadas quando você dança de maneira plena. Um dos aspectos que torna a dança uma forma de arte é a diferença em suas experiências íntimas. Você possui uma maneira única de perceber seu corpo em movimento. Estar em contato com sua singularidade é o início do desenvolvimento de uma vocação artística por meio da dança. O

> ### Você sabia?
>
> É responsabilidade do dançarino se comprometer com a exploração mental dos conceitos da aula. Observar e repetir não faz um dançarino. Observar, repetir, explorar e avaliar, sim.

professor molda a experiência a fim de proporcionar ideias valiosas para investigar e uma atmosfera segura para atingir esse objetivo.

Adquirir o hábito de estar mentalmente alerta na aula de dança também pode resultar em progressos como artista. Caso tenha treinado em aula para ficar atento quanto ao modo como se movimenta, você será capaz de pensar mais do que apenas na sequência de passos quando a realizar. Você terá desenvolvido a resistência mental para pensar além da simples sequência, bem como para se concentrar na qualidade do movimento e na profundidade da personagem que você está interpretando. Hábitos desenvolvidos em aula técnica se refletirão em suas experiências de atuação. Uma maneira de desenvolver esse foco mental é dançar com atenção plena. O próximo item deste capítulo explicará o conceito de atenção e como você pode aplicá-lo à aula de dança.

Dançar com atenção plena

Você já passou pela experiência de viajar a um lugar para o qual dirigiu muitas vezes e simplesmente se encontrar em um semáforo na metade do caminho para seu destino, "acordar" e falar a si "como cheguei tão longe? Não me recordo de ter dirigido tudo isso!". Esse é um exemplo de **atenção não plena**. Se houve um grande engarrafamento ou uma estrada fechada, a informação nova o faria prestar atenção àqueles comportamentos aos quais você está muito acostumado. Prestar mais atenção às coisas que se tornaram hábitos rotineiros chama-se **atenção plena**.

Uma abordagem atenta a novas experiências permite que o cérebro absorva mais informações e faça uso da informação obtida, de maneira mais plena. Mais importante: uma abertura de pensamento torna a mudança de comportamento possível, pois afasta você dos padrões de reação automáticos.

A atenção não plena pode reprimir seriamente seu crescimento e sucesso como dançarino. Se todas as vezes que se deparar com um movimento familiar você abordá-lo da mesma forma, não haverá espaço para o desenvolvimento ou a inovação. Por exemplo, o professor de dança passa um exercício. Você, de imediato, o reconhece como o mesmo que foi solicitado no dia anterior e diz para si "tudo bem, eu conheço esse exercício. Vamos começar. Eu sei o que fazer". Você repetirá o exercício quase da mesma forma que o fez no dia anterior, acrescentando à sua experiência apenas o benefício da repetição. Vamos adicionar a esse exemplo a ideia de que o instrutor deu algum *feedback* ou correção de exercício a você, no dia anterior; sua mente então agora diz "tudo bem, esse é o exercício no qual o professor disse que estou prendendo demais meus quadríceps. Preciso relaxá-los mais hoje". Nesse momento, um exercício familiar é considerado uma oportunidade de atingir um novo objetivo ou fazer progresso técnico. Mesmo sem o comentário do instrutor, você poderia observar a sequência do movimento ao qual está familiarizado e dizer "tudo bem, mesmo que tenha feito esse exercício antes, não tenho que me preocupar muito com essa sequência. Consigo trabalhar em meu objetivo pessoal de dançar de maneira mais musical e fluida". Atenção plena significa abordar todos os exercícios como se tivesse sido dado a você um

> ### Você sabia?
>
> O termo *atenção plena* foi desenvolvido por Ellen Langer, psicóloga da Universidade de Harvard, em seu livro homônimo publicado em 1989.

Professores de dança moderna fornecem *feedbacks* individuais para incentivar e garantir a técnica adequada.

novo foco ou objetivo toda vez que tentá-lo. É um estado de espírito a partir do qual você pode aprender, não importa que tipo de aula você frequente. A responsabilidade de evoluir é colocada sobre você, e não no professor. É sua decisão como dançarino se esforçar para se desenvolver como artista. O professor está lá para guiá-lo, informá-lo, inspirá-lo e desenvolvê-lo, mas apenas você pode renovar sua perspectiva, animar sua mente e assumir o controle de ir o mais longe possível com sua dança.

Trace seu próprio caminho

A tarefa mais desafiadora que você tem como aluno iniciante de dança moderna talvez seja compreender a responsabilidade de guiar seu próprio progresso. O professor é seu líder; ele apresenta a você ideias dignas de investigação, bem como ferramentas físicas e mentais para tais explorações. No entanto, é sua tarefa responder plena e artisticamente ao material fornecido em aula. É divertido frequentar aulas e, em geral, dançarinos querem apenas ir ao estúdio e se movimentar para se divertir. Esse é um motivo perfeitamente válido para frequentar as aulas, e em alguns dias isso pode ser exatamente o que sua mente e seu corpo precisam. Contudo, e essa é a única atitude que o leva a uma aula de dança moderna, seguirá um caminho de diversão e não de formação, o que pode limitar as possibilidades do que você pode aprender por meio da aula de dança moderna.

Para aproveitar a aula ao máximo, você precisará colocar sua mente e seu espírito ao lado da participação corporal. Utilize seu cérebro na aula! Em vez de se concentrar apenas na sequência de movimentos de dança passados a você, foque na qualidade do movimento. O professor está menos preocupado com o fato de você saber quais passos vêm após outros e mais preocupado com o modo como você está realizando os passos. Você está se movimentando com precisão quando solicitado? Você está prestando atenção às transições entre os passos? Você está fixando seu olhar em lugares que não o espelho? Você e seu instrutor trabalharão juntos para definir em quais habilidades você se concentrará no semestre ou período. Será, em parte, decisão sua garantir que mantenha o foco nesses objetivos enquanto estiver em aula.

Hábitos podem ser difíceis de modificar, e se você tiver o costume de fazer aquilo em que já é bom, será difícil atingir o progresso. Parece agradável fazer os passos que você realiza bem, mas se for um aluno sério, dará atenção igual à repetição de passos que você considera desafiadores. Há uma grande satisfação pessoal em trabalhar duro para alcançar algo que você encontra dificuldade em fazer e, assim, atingir seu objetivo. Não se prive dessa realização ao trabalhar apenas em habilidades que você considera mais fáceis de executar. Esse tipo de estabelecimento de objetivos em longo prazo exige recompensa tardia. Você deve estar preparado para ser paciente consigo e não esperar que todos os aspectos da dança sejam fáceis para você. Você possui desafios e potencialidades únicos. Pelo simples fato de um passo ser difícil para outros não significa que o será para você. De modo inverso, algumas coisas que são fáceis para seus colegas podem representar um desafio para você. Não desanime. A mestre e coreógrafa Martha Graham afirma que demora dez anos para se tornar dançarino. Esse é, definitivamente, um objetivo no qual vale a pena trabalhar!

As quatro etapas essenciais para garantir o desenvolvimento de suas habilidades como dançarino moderno são: reflexão, repetição, senso artístico e paciência. Esses hábitos o ajudarão a melhorar sua dança, reconhecer seu progresso e encontrar satisfação em se expressar por meio do movimento.

Reflexão. Para manter-se concentrado em seus objetivos – sejam os pequenos, nos quais você está trabalhando todos os dias em aula, ou os grandes que você deseja atingir com o passar do tempo –, você precisa pensar em seu próprio progresso. Isso se chama reflexão. A reflexão envolve pensar no que você deseja alcançar, o que você fez até o momento e qual *feedback* recebeu de seu professor em aula. Envolve uma revisão diária de suas experiências de dança, como um hábito; significa que, uma vez que tenha deixado o estúdio, passe algum tempo, todos os dias, concentrando-se na revisão do que foi aprendido em aula. O simples ato de pensar na aula lhe ajudará a reter informações recebidas e a concentrar sua energia para a próxima aula.

Repetição. A segunda etapa essencial é a repetição. Não são formados hábitos no corpo e na mente até que haja muita repetição. Você pode pensar que realizou um exercício antes ou que já conhece bem um passo, mas o ato de repetir o movimento desenvolve uma base crítica em seu corpo. Um bom método de repetição desenvolve a força física e a resistência, o que se assemelha a atletas que realizam exercícios severos para desenvolver essas qualidades. A repetição dos fundamentos também ajuda a prevenir lesões ao estabelecer hábitos que garantem a forma adequada e, por consequência, não o levam à exaustão. Muitos dançarinos, em especial aqueles não familiarizados com uma técnica específica, gostam de dizer "mas fizemos isso antes!". Tente modificar sua reação mental para "bom! Algo familiar que me dará a chance de realmente tornar isso automático em meu corpo!". Se um instrutor repetir uma habilidade ou exercício com frequência, é porque imagina ser importante para seu desenvolvimento como dançarino ou para sua compreensão quanto àquele estilo de dança moderna. Você precisa conhecer movimentos, alinhamento, passos transicionais, formas e ritmos muito bem, de modo que consiga executá-los sem muito trabalho mental. Isso liberta sua mente de prestar atenção à qualidade dos movimentos que está executando. Você está realizando o exercício de maneira fluida, por exemplo, ou na natureza que a coreografia exige? Se você não repetiu o movimento o suficiente, precisará ampliar a energia mental em relação aos detalhes da execução e não será capaz de progredir para a fase artística de sua *performance*.

Senso artístico. Sempre que possível, preste atenção em *como* você dança. Essa é a etapa artística. Embora seja difícil, em especial para dançarinos novos na dança moderna, ir adiante e concentrar-se na etapa seguinte, é essencial para seu desenvolvimento como dançarino começar a pensar em como você está executando os passos. Quando o professor demonstra um movimento, tente perceber como ele está executando os movimentos, assim como o que está fazendo. Um guia para observar a dança visando às suas características será apresentado posteriormente neste livro, mas, enquanto isso, faça a si mesmo algumas perguntas básicas:

- Qual parte do corpo é a mais importante nesse movimento?
- As pernas, os braços ou o tronco estão se movimentando juntos ou como unidades separadas?
- O movimento é acentuado ou suave?
- O movimento parece pesado (obviamente, é a força da gravidade) ou o corpo parece flutuar no ar?
- O movimento é realizado rapidamente ou há uma sensação de continuidade?
- O movimento cobre bastante espaço da sala?
- Esse movimento combina com a música, de alguma maneira?

Pensar nesses elementos é o primeiro passo para dançar de maneira artística. Desenvolverá o hábito mental de concentrar-se em como e no que está dançando – habilidades essenciais para qualquer executor. Quanto mais puder praticar sintonizado a esses elementos durante a aula técnica, mais fácil será entrar em harmonia com eles em uma audição. Isso o distinguirá de outros dançarinos que estiverem apenas concentrados no passo que vem a seguir. Cometer erros menores em sequência é menos importante. É óbvio que será essencial desenvolver a habilidade de escolher os passos com rapidez e de forma correta, mas os hábitos mentais que você desenvolver em aulas técnicas, para selecionar como o movimento deve ser executado artisticamente quando escolher a sequência, resultará no sucesso.

Paciência. A etapa final e essencial talvez seja a mais difícil. Seja paciente! Qualquer forma de arte vale a pena ser aprendida com tempo e paciência. Você precisa ser paciente consigo quanto ao desenvolvimento de suas habilidades por meio da repetição. Esse não é um processo que pode ser apressado. Corpo e mente precisam de tempo para absorver e integrar a informação que está sendo aprendida em aulas técnicas. Cada um aprende em velocidade diferente. Tenha cuidado para não se comparar com o dançarino ao seu lado, mas continue concentrado em fazer o que é necessário para o progresso. Esse pode ser um conselho difícil de seguir, em especial se sua evolução não for o que você esperava. Muitos dançarinos acostumados a aprender coisas com rapidez ou a estar no topo de sua classe, sob o ponto de vista acadêmico, podem se frustrar caso não sintam que seus corpos estão fazendo progressos tão rapidamente quanto gostariam. Você não pode esperar que seu progresso sempre seja uma inclinação ascendente constante. Às vezes, seu aprendizado atinge um limiar. Pelo simples fato de continuar praticando não significa que não esteja realizando progressos. Essa prática e repetição permitirão que você cruze o limiar para a próxima inclinação ascendente de progresso óbvio. Cruzar o limiar é progresso; apenas parece diferente do que você está acostumado a ver como melhoria. Aceitar alguma recompensa tardia de seus objetivos faz parte do desenvolvimento como artista e dançarino.

Preparação mente-corpo

Sua mente e seu corpo não são partes separadas de seu ser. Seu corpo reage a seu pensamento, e sua mente é informada sobre o mundo a seu redor por meio da estimulação sensorial que seu corpo fornece. A dança moderna pode ajudá-lo a compreender essa conexão mente-corpo de forma ainda mais clara com o desenvolvimento de seus sensos espacial e cinestésico, bem como sua habilidade de reconhecer padrões de movimentos.

Obtenção de senso espacial

Por meio das aulas de dança moderna você irá desenvolver a habilidade de dizer onde está seu corpo em relação ao espaço de dança e como as partes de seu corpo estão posicionadas em relação a outro. Isso se chama **senso espacial**. Direções do corpo são mais complexas do que simplesmente frente, lado e trás; essas direções mudam à medida que você se movimenta pelo espaço. Cada parte de seu corpo apresenta muitas posições possíveis no espaço. À medida que aprender o vocabulário de movimento – ou passos, formas e movimentos da dança moderna –, você também desenvolverá seu senso espacial ao redor.

Desenvolvimento do seu senso cinestésico

Além da capacidade de se sentir no espaço, frequentar aulas de dança moderna lhe ajudará a desenvolver uma consciência de como seu corpo se movimenta quando você imita movimentos que observou ou imagina outros novos. Sua capacidade de observar um movimento e reproduzi-lo em seu próprio corpo ou imaginar um movimento e representar essa ideia em seu corpo é conhecida como **senso cinestésico.** Essa ideia é, às vezes, chamada de **propriocepção**, em termos médicos. É como seu corpo traduz o que você vê, ouve e imagina de acordo com a maneira como seu corpo se movimenta. Aulas de dança de todos os tipos lhe ajudarão a lapidar esse senso.

Identificação de padrões de movimento

Quando você observa com atenção os movimentos na aula, é capaz de reconhecer padrões neles – o que lhe ajuda a memorizar sequências de movimento. Exatamente como ocorreu quando aprendeu a ler, você primeiramente aprendeu a reconhecer letras individuais, depois sílabas, e então palavras inteiras. Quando você começa a frequentar aulas de dança moderna, pode reconhecer apenas movimentos individuais, mas padrões de formas e combinações de movimentos se tornarão familiares a você rapidamente.

Resumo

Neste capítulo, você aprendeu que precisará se preparar física e mentalmente para aproveitar ao máximo sua aula de dança moderna. Se você, de fato, se preparar, será capaz de desenvolver muitas habilidades por meio da dança moderna, por exemplo, senso espacial e cinestésico, habilidades de agilidade, equilíbrio e coordenação, e também força e resistência musculares. Como aluno, você é responsável por auxiliar a guiar sua própria jornada ao refletir sobre o que aprendeu e dançar com uma atitude de atenção plena. Isso significa que você precisará estar atento às expectativas em aula e não se entregar a velhos hábitos. Se você se preparar tanto mental como fisicamente para suas aulas de dança moderna, tirará muito mais proveito delas do que apenas de um período de exercício. Você verá como a dança moderna pode nutrir sua mente, corpo e espírito.

3
Segurança e saúde

Seja você um dançarino experiente ou novato em aulas de dança, precisará saber como manter-se seguro e saudável no estúdio de dança. Uma vez que o corpo é seu instrumento artístico como dançarino, é especialmente importante compreender como cuidar dele para evitar lesões e mantê-lo na melhor forma possível para a atuação. Este capítulo aborda informações básicas sobre segurança do estúdio, prevenção de lesões, anatomia, flexibilidade, aptidão física e nutrição – ferramentas para manter e prolongar sua vida como dançarino.

Segurança no estúdio

O estúdio de dança é um ambiente seguro para aprender e se desenvolver. Algumas práticas, no entanto, apoiarão sua experiência nele. A maioria dos estúdios possui regras para garantir a segurança de todos os dançarinos e para a instalação do estúdio em si. No que se refere à dança moderna, isso se relaciona, em geral, ao próprio espaço do estúdio por meio do que você veste ou traz (ou, mais precisamente, do que não veste nem traz) para a aula.

Equipamentos e armazenagem

Muitos estúdios de dança possuem equipamentos para uso em aulas, como barras de *ballet* portáteis ou fixas, faixas elásticas para trabalhos de resistência, colchonetes de ginástica ou ioga e sistemas de som. É importante, para sua própria segurança, não utilizar os equipamentos sem a supervisão de um instrutor. Devolver o equipamento cuidadosamente após o uso também garantirá sua durabilidade e a segurança da próxima pessoa que o utilizar.

Outra maneira de respeitar o espaço físico do estúdio é ajudar a mantê-lo limpo, não levando qualquer alimento ou bebida que não seja água para o espaço. Pergunte a seu instrutor se são permitidas garrafas de água no estúdio. Mascar chiclete é proibido em estúdios de dança, para a segurança dos dançarinos, bem como para manter o espaço limpo. O estúdio é o coração de um programa de dança, no qual você passará muitas horas e desejará que esteja bem cuidado.

Chão

As aulas de dança moderna incluem partes nas quais você precisará se movimentar no chão, portanto a superfície precisa estar limpa. Algumas aulas de dança moderna permitem que dançarinos usem meia-sapatilhas especialmente confeccionadas para esse fim, mas nunca devem ser calçadas fora do estúdio, de modo que não afetem a limpeza do espaço. Sapatos utilizados na rua nunca são permitidos em um estúdio de dança.

Você pode ficar surpreso ao saber que produtos que usa, por exemplo, loções ou cremes para pele e cabelo, podem provocar lesões sérias relacionadas à segurança durante uma aula de dança. Esses cremes são transferidos para o chão durante o trabalho, quando você deita, e podem criar um espaço invisível e escorregadio que pode provocar acidentes envolvendo você ou outros dançarinos na aula. É melhor evitar usá-los imediatamente antes da aula. De maneira semelhante, certos tipos de esmalte de unha podem ser transferidos e marcar o chão, especialmente se este for de vinil, caso você esteja dançando descalço – como é mais comum em aulas de dança moderna. Quaisquer presilhas ou grampos devem estar completamente seguros, de modo que não representem perigo a dançarinos próximos, caso se afrouxem durante sequências de movimentos rápidas ou vigorosas. Da mesma forma, brincos grandes, pulseiras e correntes de qualquer tipo pode provocar lesões a você ou a um dançarino próximo, portanto você não deve usá-los durante a aula.

Segurança pessoal

A dança é uma atividade segura, e o instrutor e a administração têm políticas para garantir que você não se fira. Isso não significa, contudo, que dançarinos também não tenham a responsabilidade de se manter saudáveis. Ouça seu corpo e não tenha pressa quando começar a estudar dança moderna.

Os exercícios nas aulas de dança moderna visam a aprimorar habilidades físicas muito específicas. Os músculos que você usa e o modo como os emprega nessas aulas podem ser totalmente diferentes do treinamento de dança ou outras atividades físicas anteriores. A coreografia da qual você terá a oportunidade de participar, os tipos de dança moderna que você pode experimentar e os estilos dos instrutores que encontrar na dança moderna estabelecerão novas exigências para suas capacidades físicas e mentais.

Se você for um aluno que pode ser caracterizado como alguém que supera as expectativas (como muitos dançarinos são!), pode apresentar a tendência de depositar expectativas extremamente irreais em si. Permita-se ter algum tempo para se ajustar à sua nova rotina e desenvolver objetivos novos. O ápice da *performance* e da realização da maioria das pessoas acontece quando elas conseguem se concentrar e não estão excessivamente estressadas. Você pode precisar mudar suas expectativas ou o horário para estabelecer seus objetivos, de modo que consiga aprender novas informações sem estresse adicional. Aprender coisas novas em um novo ambiente é estressante o suficiente!

Espaço pessoal

Compreender suas exigências de **espaço pessoal** durante cada parte da aula é crucial para sua segurança e prazer, assim como os de seus colegas. Isso significa que você deve deixar espaço ao seu redor para acomodar pernas,

> **Atividade**
>
> **Defina seu espaço pessoal**
>
> Fique em um lugar que não tenha barreiras para movimentação. Estique os braços acima da cabeça; depois, para as laterais do seu corpo. Estique cada uma das pernas para a frente; depois, para o lado e para trás. Finalmente, vire-se. Você delimitou algo como um espaço esférico, que é o quanto de espaço você precisará para executar movimentos no lugar. Imagine movimentar-se dentro de sua esfera em relação ao chão ou em uma diagonal.

Dançarinos se espalham pelo estúdio, garantindo seu espaço pessoal.

Dança moderna – Fundamentos e técnicas

braços e extensões do corpo sem invadir a área de seus vizinhos. Seu espaço pessoal o cerca quando estiver em um ponto, assim como quando se movimenta pelo estúdio de maneira individual ou em grupos.

Dados pessoais de saúde

Dados pessoais de saúde são exatamente isto: informações pessoais. Se você teve uma lesão, submeteu-se a cirurgia ou apresentou condição de saúde crônica que possa afetar seu desempenho físico ou a saúde de seus colegas, não é obrigatório dizer a todos, mas você deve fazê-lo para seu instrutor. Para proteger a privacidade, os professores, em geral, incentivam os alunos a encontrá-los após a primeira aula. Seu instrutor deve estar ciente de qualquer condição crônica ou doença como asma, diabetes ou epilepsia, para que possa estar preparado para uma possível emergência e também ajudá-lo a dançar com segurança. Se o professor não souber de suas condições específicas de saúde, será difícil para ele se adaptar às suas necessidades.

Anatomia básica

Anatomia é o estudo das estruturas físicas do corpo, enquanto **cinesiologia** é o estudo do corpo em movimento. Com frequência, esses dois assuntos se combinam e são referidos como o estudo da **anatomia dinâmica**. Dança é uma forma de arte que aplica princípios científicos do funcionamento adequado do corpo humano. Se você fosse violinista, precisaria aprender a conservar seu instrumento e como mantê-lo em funcionamento. Você precisaria aprender a trocar as cordas, aplicar resina no arco e manter seu instrumento afinado, a fim de tocar em um nível elevado. A dança não é diferente. Um dançarino precisa aprender as estruturas físicas básicas do corpo e como elas trabalham em conjunto para criar as opções de movimento que o coreógrafo utiliza como um instrumento artístico expressivo. Esta parte do capítulo oferece algumas informações básicas sobre as estruturas do seu corpo, o que pode auxiliá-lo a evitar lesões e compreender melhor o *feedback* que obter de seus professores.

Sistema esquelético

A anatomia básica para dançarinos pode ser dividida em compreender as estruturas ósseas – ou esqueleto – e as estruturas musculares do corpo. A Figura 3.1 mostra os ossos que você precisará conhecer, das partes anterior e posterior.

De tempos em tempos, seu instrutor de dança pode se referir aos ossos envolvidos em um exercício específico. Isso se comprovará especialmente quando ele estiver falando sobre alinhamento adequado. O **alinhamento** esquelético correto ocorre quando o peso é transferido por meio do centro de cada articulação. Essa é a maneira mais segura de o corpo se movimentar. A Figura 3.2 mostra uma dançarina em alinhamento adequado. Na grande maioria das vezes em que os professores de dança falam sobre garantir que você esteja em alinhamento adequado, estão se referindo ao alinhamento esquelético. Quando você está dançando, não importa para qual posição sua dança o levar, você ainda precisará ter consciência de como seus ossos estão posicionados, de modo que consiga dançar com segurança e eficiência. Por exemplo, o bom alinhamento vertebral quando você estiver dançando significa que seus ombros estarão alinhados sobre os quadris, em geral com as costelas suavemente oscilando entre ambos. De modo semelhante, para o alinha-

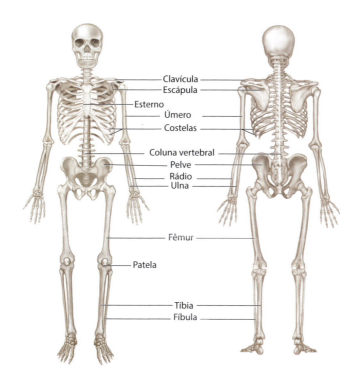

Figura 3.1   O sistema esquelético.

mento da perna, seus joelhos estarão alinhados com o centro dos seus pés quando você pular e percorrer o espaço.

Alinhamento é importante não apenas para seus ossos, mas também para seus músculos. Quando seu esqueleto está bem alinhado, seus músculos conseguem trabalhar com eficiência máxima durante maior tempo e com o mínimo risco de lesão. O corpo é um sistema fechado. Se você tiver alinhado os ossos em uma parte do corpo de maneira incorreta, outra parte dele deve compensar esse alinhamento errado. Isso pode provocar desperdício de energia muscular, cansando-o rapidamente. Ainda pior: pode ser uma receita para lesão. O alinhamento adequado é um princípio de todos os tipos e estilos de dança.

Sistema muscular

Você ouvirá com frequência seu professor se referir a um músculo específico que está trabalhando em um exercício em parti-

Figura 3.2   Alinhamento adequado.

cular. Embora não seja prático ou necessário se tornar um especialista em todos os músculos do corpo, é extremamente valioso compreender os sistemas musculares básicos de seu corpo. Quanto mais puder visualizar o que está acontecendo dentro de seu corpo ao dançar, mais profundamente você compreenderá como utilizar os recursos fenomenais que possui em seu corpo. Isso também lhe auxiliará a compreender a execução de muitos movimentos e a articulação do que está acontecendo em seu corpo caso ocorra lesão. Quando você compreende os músculos que deveria estar usando e como ativá-los de maneira adequada, em consequência irá melhorar seu alinhamento e eficiência de movimento. E, por sua vez, isso automaticamente reduz estratégias compensatórias, portanto, diminui o risco de lesão. O esqueleto e os músculos trabalham juntos naturalmente, uma vez que os músculos são unidos aos ossos por meio de tecido conjuntivo (ligamentos e tendões). Compreender ambos e como eles interagem é importante, pois em posição em pé estática, o alinhamento pode parecer correto; uma vez que ocorre o movimento, o alinhamento pode ser interrompido em virtude do recrutamento de músculos incorretos. A Figura 3.3 mostra os sistemas musculares básicos do corpo.

O músculo, em geral, pode realizar três tipos de ação: encurtar quando há esforço – chamada **ação muscular concêntrica** (Fig. 3.4); alongar, quando há esforço – **ação muscular excêntrica** (Fig. 3.4), nem alongar nem encurtar, quando a força é aplicada – **ação muscular isométrica**. Os músculos também possuem a capacidade

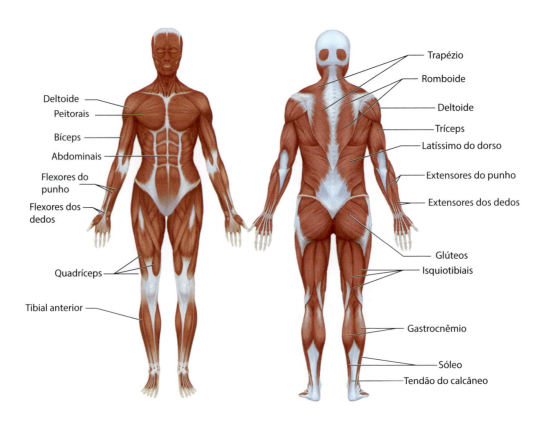

Figura 3.3   O sistema muscular.

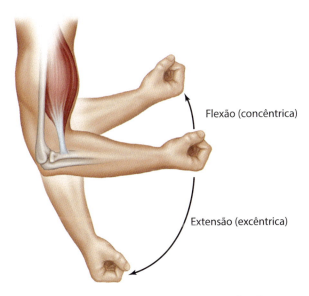

Figura 3.4 Contrações musculares: concêntrica e excêntrica.

extraordinária de trabalhar em pares. Quando um músculo que constitui um par se contrai ou encurta, o outro músculo relaxa e alonga. O músculo que se contrai é o **agonista**; e o que relaxa, o **antagonista**.

Quando você estiver lendo isto sentado, enrijeça a região anterior de sua coxa, o grande músculo chamado quadríceps. Você pode observar que essa ação faz os músculos da parte posterior da sua coxa – ou os isquiotibiais – relaxarem. É provável que seu professor de dança tenha lhe dito para relaxar os quadríceps quando você realiza um chute alto à sua frente. Para que estenda sua perna por completo à frente, você precisará que os músculos isquiotibiais sejam empurrados para cima, e aqueles localizados na lateral do quadril (os rotadores externos do quadril), girem para fora. Se você enrijecer a região anterior da coxa, os músculos da parte posterior da perna e a lateral do quadril irão relaxar e serão incapazes de ajudá-lo nessa tarefa. Ter ciência de como funcionam seus músculos lhe ajudará a desenvolver hábitos seguros quando executar movimentos cada vez mais difíceis. Um par de músculos deve ter força e flexibilidade equilibradas para funcionar de maneira efetiva. Desenvolver excessivamente um músculo que compõe um par também pode ocasionar lesão ou incapacidade de executar sua melhor habilidade.

Cinesiologia básica

Lesões de dança são decorrentes de sobrecarga e fatores biomecânicos mais do que de trauma agudo (Clippinger, 2007). Compreender a cinesiologia básica ou movimento humano pode ajudar a curar ou evitar lesões de dança. Esta seção explica termos relacionados a movimento. Dançarinos e outros atletas precisam compreender tais termos a fim de comunicar melhor lesões ou aflições a médicos, fisioterapeutas, treinadores ou massoterapeutas. Além disso, compreender como o corpo se movimenta em termos adequados tornará você um dançarino mais bem informado.

Posição anatômica

Além de palavras como *ossos, esqueleto* e *músculo* – as quais fazem parte de seu vocabulário diário – há alguns termos anatômicos específicos que podem ser úteis para você compreender o funcionamento de seu instrumento artístico, seu corpo. A parte frontal do corpo é chamada de **anterior**, enquanto a região de trás é a **posterior**. As partes mais próximas à linha mediana do corpo são chamadas de **mediais**; e as mais afastadas, de **laterais**. Essa é apenas uma maneira para os cientistas mapearem o corpo, uma espécie de bússola norte–sul–leste–oeste para o seu corpo. Isso também ajuda profissionais da saúde a serem específicos. Sua dor no joelho é medial (na parte interna) ou posterior (na parte de trás do joelho)? Além disso, auxilia na criação de pontos de referência no corpo. Mesmo quando sua perna está voltada para fora, de modo que a parte frontal do joelho está de frente para a lateral, essa ainda é a região anterior do joelho, não importa para qual lugar do espaço ele possa estar voltado.

Para compreender os movimentos, você deve, primeiramente, entender a terminologia anatômica básica. A posição inicial adotada como universal para descrever movimentos chama-se **posição anatômica** (Fig. 3.5). Trata-se de uma posição em pé, ereta, com os pés voltados para a frente, os braços abaixados junto às laterais do corpo e as palmas viradas para a frente, com os polegares apontados para fora, e os dedos estendidos. A posição de **decúbito ventral** é aquela em que se está deitado com o rosto voltado para baixo, e a posição de **decúbito dorsal** é aquela na qual se deita com o rosto voltado para cima.

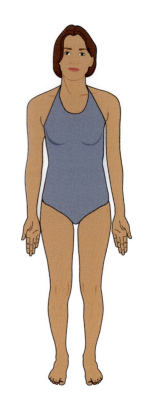

Figura 3.5 Posição anatômica.

Tecido conjuntivo

É comum as pessoas acreditarem que os músculos estão ligados aos ossos, mas, na verdade, há um sistema complexo de tecido conjuntivo responsável pelo desempenho dessa função. O corpo possui **ligamentos**, os quais unem ossos a outros ossos, e **tendões**, que ligam os músculos aos ossos. Esses dois tipos de tecido conjuntivo – e muitos outros mais que também existem no corpo – são essenciais para obter flexibilidade, desenvolver força, manter estabilidade e executar movimentos de dança claros e seguros.

Movimentos articulatórios

As articulações sinoviais possibilitam estes movimentos articulatórios básicos: **flexão** (redução do ângulo articulatório, por exemplo, dobrar o cotovelo), **extensão** (aumento do ângulo articulatório, por exemplo, estender o cotovelo – Fig. 3.6a), **hiperextensão** (extensão até a posição natural, por exemplo, curvar-se para trás), **abdução** (afastamento da linha mediana), **adução** (movimento em direção à linha mediada –

Capítulo 3 • Segurança e saúde 35

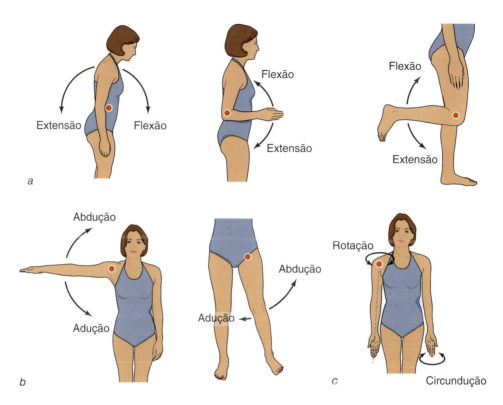

Figura 3.6 Movimentos articulares: (*a*) flexão e extensão; (*b*) abdução e adução; e (*c*) rotação e circundução.

Fig. 3.6*b*), **rotação** (externa, ou giro da superfície anterior para o lado externo e interno, ou giro da superfície anterior para dentro) e **circundução** (movimento que cria um círculo completo e combina flexão, abdução, extensão e adução – Fig. 3.6*c*).

A estabilidade articulatória é a capacidade de uma articulação de resistir a impactos mecânicos ou movimentos sem sofrer lesão. O formato do componente, ligamentos que guiam as articulações na amplitude de movimento, vácuo criado na articulação e extensibilidade dos músculos e tendões são aspectos que proporcionam a estabilidade articulatória.

Muito do que é conhecido a respeito de prevenção de lesões de dança foi aprendido com a perícia de cientistas da dança, fisioterapeutas, médicos, cirurgiões ortopédicos e treinadores esportivos. É importante ouvir os conselhos desses profissionais quanto a prevenção, diagnóstico e tratamento de lesões de dança. Embora seus colegas dançarinos ou até o professor de dança possam ter muita experiência pessoal com lesões, lembre-se de que eles não são médicos profissionais; quaisquer queixas sobre sua saúde ou cura devem sempre envolver a consulta a um profissional da saúde. Certifique-se de que o profissional consultado tenha familiaridade com as necessidades únicas dos dançarinos.

Lesões comuns em decorrência da dança – tratamento e prevenção

Cada pessoa chega à aula de dança com uma anatomia única. Dois corpos não são exatamente iguais, e dois dançarinos não reagem da mesma forma às exigências físicas

Você sabia?

Fazer anotações e mostrá-las ao instrutor no final de uma aula observada ajuda o professor a perceber como seu olhar para a observação de movimentos está se desenvolvendo.

de uma aula de dança. Isso significa que você precisará ter muita consciência de como está seu corpo toda vez que iniciar uma aula de dança. Não presuma que o professor possa dizer que você tem um desconforto – avise-o! De maneira semelhante, você deve relatar imediatamente novas lesões aos instrutores. Deixe-os ajudá-lo a decidir se você deve tentar continuar a dança, assistir à aula naquele dia ou buscar ajuda médica. Nunca sofra em silêncio caso sinta dor em uma aula de dança ou ensaio. No mínimo, procure aconselhamento com seu professor. Cada escola terá sua própria política em relação a um dançarino doente ou lesionado dever assistir à aula ou permanecer em casa. Uma regra ideal é que, se for algo contagioso, ou potencialmente contagioso, você deve ficar em casa. Se você não está se sentindo bem o suficiente para dançar ou está machucado, deve ir ao estúdio para assistir à aula e fazer anotações. Tomar notas sobre suas observações é uma maneira ótima de aprender com uma aula sem participar fisicamente dela. Você pode obter ideias valiosas quanto a maneiras de executar uma habilidade específica na qual estiver trabalhando ao observar os outros de uma forma que não é possível quando você está dançando. Você também tem a oportunidade de observar as orientações do professor e as reações dos alunos. Dessa maneira, sua compreensão pode aumentar ao mesmo tempo que sua lesão se cura. Não há substituto para a experiência em dança, mas é muito melhor observar durante uma aula, quando estiver doente ou gravemente lesionado, do que arriscar-se a não participar durante muito tempo por se ferir com mais severidade ou agravar sua doença.

A maioria das lesões ocorre como resultado do uso impróprio do músculo, emprego excessivo de um músculo específico ou desequilíbrio no tônus muscular. Em outras palavras, se você desenvolver o hábito do alinhamento articulatório ruim, é mais provável que se lesione em uma aula de dança do que se simplesmente cometesse um erro enquanto aprende. De maneira similar, se você repetir os mesmos exercícios com o emprego dos mesmos músculos todas as vezes, irá desenvolvê-los em demasia. Uma vez que os músculos trabalham em conjunto uns com os outros, isso pode ocasionar um desequilíbrio no tônus muscular, e os músculos complementares àqueles que são fortes se tornam fracos. Isso também pode levar à lesão. Às vezes, a lesão ocorre porque o corpo não está preparado o suficiente. Em outras, os dançarinos estão muito cansados ou mal nutridos e não estão dando atenção adequada ao uso correto do músculo ou alinhamento esquelético. Se os músculos errados forem usados com frequência para realizar um movimento específico, os músculos corretos se tornarão, eventualmente, hipoativos. Esse é um termo que fisioterapeutas usam para descrever a fraqueza resultante da subutilização dos músculos adequados para uma atividade. Quando esse ciclo se repete diversas vezes, pode resultar em fadiga e lesão.

Pesquisas indicam que as lesões mais comuns em dançarinos ocorrem no tornozelo, no joelho e no quadril – em geral, resultantes de desequilíbrio muscular. Dançarinos tendem a alongar excessivamente os isquiotibiais, adutores e músculos da canela, enquanto deixam panturrilhas, quadríceps e flexores do quadril contraídos. Esses desequilíbrios ocasionam fadiga e lesões por uso excessivo em muitos dançarinos. O alongamento adequado é uma solução para evitar lesões.

Muitos dos fatores para prevenção de lesões de dança são fornecidos a você pelo senso comum e pela estrutura de uma aula de dança. Aulas técnicas bem ministradas sempre possuem um período de aquecimento, um de atividade física intensa e outro de desaquecimento. Esse é o padrão exato que os especialistas em saúde recomendam para exercícios seguros. Isso também se torna essencial para você chegar à aula no horário. Atrasos podem fazê-lo perder o momento de aquecimento necessário para a participação segura.

Faça perguntas

Questionar o instrutor quando tiver perguntas sobre quais músculos utilizar ou como seu corpo deve estar alinhado também é uma maneira importante de evitar lesões, pois garantirá a boa forma quando você repetir os exercícios. Pode parecer que todos sabem a resposta à sua pergunta, por isso você reluta em questionar, mas é comum um aluno fazer uma pergunta e diversos outros concordarem que também estavam em dúvida e o esclarecimento os ajudou. O professor precisa proporcionar *feedback* e interação, de modo que possa ministrar uma aula segura. Bons professores prezam perguntas, em especial sobre forma e alinhamento adequados.

Garanta o alinhamento adequado

O especialista em exercícios, François Delsarte, que viveu no século XIX, uma vez afirmou que a graça é a eficiência do movimento. A eficiência – uso corretamente alinhado do corpo – evita que o corpo se lesione e melhora a execução da dança. Lembre-se de que o corpo é um sistema fechado. Isso significa que, se você está subutilizando um músculo, está usando excessivamente outro. A única maneira de corrigir isso é aprender e ser zeloso quanto à manutenção do alinhamento adequado. Isso significa que você precisará compreender como os ossos e os

> ### Atividade
>
> **Avaliação do seu alinhamento**
>
> O desenvolvimento do bom alinhamento resulta em movimento eficiente e é um hábito de vida saudável. Para auxiliá-lo a estabelecer e manter o bom alinhamento pense nele e faça uma autoavaliação à medida que vivenciar sua rotina diária. Verifique como você fica em pé ou caminha, em diversos momentos do dia e em várias situações. Ao realizar apenas três a cinco verificações por dia, isso fará com que você fique atento ao seu alinhamento e lhe lembrará de pensar nele quando caminhar ou ficar em pé.

músculos devem estar organizados para uma movimentação segura e clara. Informações sobre alinhamento básico do corpo são fornecidas com mais detalhes posteriormente neste capítulo.

Reconheça a indisposição e a fadiga

Utilize seu bom senso quando se trata de dançar com indisposição ou fadiga. Fisiologistas não recomendam exercitar-se com febre, pois seu corpo não está preparado para lidar com as exigências do exercício quando você estiver combatendo uma infecção ou já tiver uma temperatura corporal central aumentada. Muitos dançarinos frequentam aulas ou ensaios quando estão doentes, porque têm medo de perdê-los, mas acabam por infectar outros dançarinos, por causa do contato físico próximo durante a

Dança moderna – Fundamentos e técnicas

dança. Lembre-se de que, se você não estiver se sentindo bem, pode sempre assistir à aula e fazer anotações.

Administre a dor

Alguma dor é esperada durante o estudo de dança. Isso não é necessariamente um sintoma de lesão; é mais provável que se trate de um sintoma de uso excessivo de um músculo que não recebeu muita atenção recentemente. Isso também pode indicar que você está incitando seu corpo a experimentar novos limites. A cura mais fácil para a dor suave a moderada é exercitar o músculo dolorido com suavidade. Faça repetições lentas de um movimento que utilize o músculo afetado ou mesmo uma versão mais suave do movimento de dança que causou a dor. Calor, massagem ou uma variedade de pomadas podem aliviar sua dor temporariamente, mas não curam, de fato, o músculo dolorido, uma vez que atingem apenas a superfície do músculo. Para, de fato, curar a dor muscular, você deve aumentar o fluxo sanguíneo no músculo lesionado com temperatura interna elevada. Tratamentos externos – tão bons quanto pareçam para alívio da dor – serão apenas temporários. O alongamento aumenta o fluxo sanguíneo e facilita o recrutamento normal e os padrões de relaxamento nos músculos. Isso significa que você deve permitir mais tempo para o alongamento brando durante períodos de dor, pois o músculo dolorido ficará mais retesado do que o normal e pode ter sensação de rigidez.

Caso sua dor não cesse com repetições suaves ou dentro de um período razoável (24 a 48 horas, por exemplo), você pode estar lidando com uma lesão de dança. Em geral, você deve fazer duas coisas para qualquer lesão de dança, seja uma dor importuna que não vai embora ou uma dor severa e súbita: avaliar e, depois, tratar. Você notará que ignorá-la não é uma das opções! Muitos dançarinos não buscam tratamento no início de uma lesão, na esperança de que ela se resolva sozinha. Embora isso possa ser verdade em alguns casos, você precisará ter ajuda profissional para chegar a essa conclusão. De modo semelhante, apressar-se para realizar um tratamento sem avaliação cuidadosa de uma lesão pode atrasar sua cura.

Utilize o método PRICE

Você pode iniciar seu tratamento com as simples instruções a seguir, um método que você pode facilmente lembrar por meio da sigla PRICE. Essas letras dizem respeito a proteção, repouso, gelo (*ice*), compressão, elevação (e diagnóstico).

- **Proteção.** Não tente suportar! Isso provavelmente apenas causará mais danos a seus tecidos.
- **Repouso.** Pare de dançar, pois assim a lesão conseguirá se curar. Quando estiver em repouso, observe o que você estava fazendo exatamente quando a dor surgiu. Que tipo de dor é – fraca ou pungente? Onde é sua localização exata? Ela ocorreu na primeira repetição ou na décima?
- **Gelo.** Aplicar gelo em uma lesão não pode feri-lo e deve sempre ser sua primeira linha de defesa. O gelo reduz o inchaço, o que pode ter início para aliviar a dor. Muitos dançarinos se perguntam se devem aplicar gelo ou calor a uma lesão. O conselho comum dos fisioterapeutas é sempre utilizar gelo primeiramente. Se possível, eleve a parte lesionada do corpo acima do

coração e aplique gelo por 20 minutos ou mais. Repita a aplicação a cada hora durante as primeiras 24 horas após a lesão. Certifique-se de colocar duas ou três camadas de tecido ou toalha entre você e o gelo para evitar que a pele queime. A pele pode se tornar naturalmente rosada, como resultado do esfriamento. Isso não deve preocupá-lo. Se a pele sob o gelo ficar extremamente vermelha, você deve removê-lo, uma vez que se trata de uma reação mais severa, que pode levar a uma queimadura.

- **Compressão.** Para ajudar na redução do inchaço, aperte a região lesionada envolvendo-a com uma bandagem elástica. Compressão não significa que você deve envolvê-la o mais apertado possível. Se você sentir pulsação, desenrole a bandagem e enrole-a novamente, desta vez mais frouxa. Você deve realizar a etapa de compressão apenas se tiver uma lesão aguda com inchaço. Lesões de dança que se desenvolvem lentamente e sem inchaço aparente não necessitam desse tratamento.
- **Elevação.** Eleve a região lesionada acima do coração para ajudar na redução do inchaço. Mais uma vez, isso é necessário apenas para uma lesão aguda com inchaço.
- **Diagnóstico.** Após 24 a 48 horas com uma lesão, certifique-se de ter procurado um profissional da saúde (médico, fisioterapeuta ou treinador).

Após ter recebido um diagnóstico claro, a fase seguinte de seu tratamento pode começar, a qual envolverá observar seu alinhamento e mecânica do corpo para garantir práticas seguras e desenvolver um plano de recuperação. É aí que o fisioterapeuta com conhecimento sobre mecanismo de dança se mostra importante para sua recuperação, pois esse profissional consegue avaliar seu alinhamento e, então, integrar alinhamento correto e treinamento da mecânica do corpo à sua reabilitação. Mantenha seu professor de dança informado sobre seu plano de recuperação, de modo que ele possa ajudá-lo na integração quando retornar às atividades de dança à medida que se tornarem apropriadas a você.

Avalie a recuperação

Nessa fase crítica de recuperação de uma lesão, você deve refletir sobre como a lesão aconteceu – foi de maneira súbita ou está evoluindo há algum tempo? Você teve uma leve torção no tornozelo semana passada, não repousou e agora está com uma dor mais séria no joelho da mesma perna? Você está trabalhando em uma nova coreografia ou exercício de aula que exige o uso repetitivo de uma parte do seu corpo? Tem certeza de que está executando-o de maneira apropriada? Você consegue identificar o músculo ou articulação que está causando dor? Determinados movimentos dessa articulação são mais dolorosos do que outros? As respostas para todas essas perguntas ajudarão o profissional da saúde a decidir pelo melhor tratamento. Se for uma **lesão aguda** ou uma que ocorre de repente durante a execução de um movimento de dança, ou uma que é tão grave que o impede de continuar, você então deve consultar um médico. Embora seja obrigatório avisar seu professor, diretor ou coreógrafo que você possui uma lesão, lembre-se de que ele não é um profissional da saúde e que é responsabilidade sua buscar ajuda qualificada. Uma lesão aguda também pode reagir bem à fisioterapia, no entanto, se não reabilitada de modo adequado, pode se transformar em uma lesão crônica. Flexibilidade, força, resistência e propriocepção (a capacidade do corpo de perceber posição, localização, orientação e movimento de suas partes) apropriadas precisam ser restabelecidas após uma lesão, a fim de garantir sua longevidade como dançarino.

Se você tiver uma lesão que está evoluindo há algum tempo ou uma parte do corpo que dói com frequência enquanto dança, então se trata de uma **lesão crônica**. Lidar com as lesões crônicas é igualmente importante para a longevidade de sua vida como dançarino. Para lesões crônicas, uma consulta com o fisioterapeuta deve preceder uma avaliação médica. Fisioterapeutas – em especial aqueles acostumados às necessidades dos dançarinos – podem oferecer excelentes planos de longo prazo para tratamento e recuperação, bem como ajudar na facilitação destes. Isso, em geral, envolve programas de exercícios para auxiliá-lo no fortalecimento de músculos fracos ou tecidos conjuntivos que estão causando sua dor crônica. A maioria dos programas de dança em faculdades e universidades possui um fisioterapeuta que você pode consultar, e muitos estados permitem tratamentos com o fisioterapeuta sem a prescrição do médico. Verifique com o diretor de seu programa de dança ou seu professor quais serviços estão disponíveis para você.

Flexibilidade e alongamento

Músculos precisam ser fortes e flexíveis para executar técnicas de dança. Na verdade, a força e a flexibilidade musculares lhe ajudarão em sua habilidade global de manter o corpo protegido contra lesões. Você precisa aprender não apenas quais músculos estão envolvidos na realização de um movimento específico, mas também como fortalecê-los e alongá-los.

O alongamento é uma ferramenta importante para seu desenvolvimento como dançarino.

Além de aumentar a flexibilidade, o alongamento proporciona diversos benefícios:

- Reduz o risco de extenuação, por meio da diminuição da tensão muscular.
- Reduz a dor muscular.
- Aumenta o relaxamento mental e físico.
- Promove a consciência corporal quando se aprende a isolar os grupos musculares.

É valioso realizar alongamento após o aquecimento, antes e depois da aula, mesmo que você seja naturalmente flexível ou se aumentar a flexibilidade não for seu objetivo. Você merece os benefícios do alongamento – não se prive dessa prática saudável!

A seguir, são apresentadas orientações importantes e de senso comum quanto à segurança.

- **Esteja aquecido.** Alongamentos são muito mais seguros e mais eficientes se seu corpo estiver aquecido. O alongamento deve ser a fase final de sua rotina de aquecimento, e não a inicial.
- **O alongamento não deve ser doloroso.** O alongamento pode envolver esforços para que você evolua, mas o processo em si não deve ser doloroso. Você deve se alongar ao ponto de tensão no músculo, e não de dor. Se estiver dolorido, abandone o alongamento e observe sua forma. Se necessário, busque olhos de especialista para ajudá-lo a compreender a origem da dor, mas não aceite a dor como parte do processo.
- **Não estresse o alongamento.** Em geral, alongamentos adequados – mesmo os rítmicos – não envolvem alongamentos mais profundos. Esse foi, infelizmente, muitos anos atrás, um método popular transmitido por diversos professores a muitos alunos que depois se tornaram professores também. Especialistas em cinesiologia moderna concordam que essa não é uma prática segura.
- **Alongue-se por 30 a 60 segundos.** Dançarinos adoram se colocar em alongamentos durante muitos minutos, na esperança de que mais tempo irá significar mais flexibilidade. Isso também se comprovou errôneo pela ciência moderna. Um benefício maior pode ser alcançado em 30 a 60 segundos para cada alongamento, se realizado de maneira adequada. Do outro lado dessa questão estão os corredores amadores, que realizam um alongamento de panturrilha por 5 a 10 segundos, antes de se dirigirem a uma corrida. Esse tampouco é um alongamento eficaz. Um tempo mínimo para o benefício se aplica tanto quanto um tempo máximo.
- **Você não precisa alongar todos os músculos diariamente.** Se o alongamento é uma parte habitual de sua rotina, você pode alternar facilmente quais grupos musculares alongar a cada dia. Dessa maneira, o tempo para o alongamento se encaixa de forma mais natural em sua agenda e não se torna uma obrigação que você temerá caso não a cumpra. Realizado de modo adequado, o alongamento é uma parte relaxante e prazerosa de sua vida como dançarino. Se estiver enfrentando problemas para decidir qual músculo alongar no dia, apenas pergunte-se qual região você teme que fique dolorida.

Esse provavelmente será o grupo muscular ou articulação que mais necessita de sua atenção. Se você utilizou muito um músculo, alongue-o!

- **Alongue os dois lados de maneira uniforme.** Não se esqueça de se concentrar em ambos os lados igualmente. Dançarinos tendem a focar os músculos ou a perna que são alongados com mais facilidade. Fazer isso ocasiona um desequilíbrio na flexibilidade e pode levar a lesão. Alongue os lados direito e esquerdo de maneira igual e com as mesmas repetições. Se você observar um desequilíbrio de um lado em relação ao outro (por exemplo, você nota que seu isquiotibial direito é muito mais flexível do que o esquerdo), realize então três repetições a mais no lado esquerdo, até que você sinta um equilíbrio de flexibilidade no músculo. Ouça seu corpo e nem sempre favoreça o lado bom! A simetria nos músculos é uma solução para reduzir o risco de lesões, o que foi demonstrado em pesquisas sobre dança.
- **Não alongue excessivamente.** O alongamento deve visar aos músculos, uma vez que eles têm mais elasticidade do que os tendões e os ligamentos. O tecido conjuntivo não precisa ser elástico demais, pois sua função é manter os ossos da articulação no lugar e os músculos ligados aos ossos. Em geral, dançarinos alongam demais seu tecido conjuntivo na busca por mais flexibilidade, mas fazer isso pode reduzir a integridade da articulação e deixá-la suscetível a lesões.
- **O perigo de um alongamento é relativo à pessoa que o realiza.** Não há muitos alongamentos perigosos tanto quanto alguns arriscados especificamente para seu corpo ou condição física. Os alongamentos que um praticante de ioga pode realizar com anos de treinamento não são inseguros para ele, mas podem ser bastante perigosos para um dançarino iniciante. Não há alongamentos inseguros tanto quanto práticas de alongamento inseguras. A melhor orientação para a segurança é ir com calma, bem como ser paciente e consistente com seu corpo.
- **Não mantenha a mesma rotina com um músculo lesionado.** Você nunca deve alongar um músculo fatigado. Se você sentir dor forte ao alongar, tiver fraturado um osso recentemente ou a estabilidade da articulação estiver em questão, não alongue esse músculo. Essas são, obviamente, recomendações gerais. Se você tiver qualquer dúvida quanto ao modo de tratar uma articulação ou músculo lesionado, busque aconselhamento de um profissional qualificado da área da saúde.

Alcançar a forma física ideal

O corpo é seu instrumento artístico, e você precisa mantê-lo em boa condição. Embora aulas de dança possam ser consideradas uma forma de exercício, não é atividade suficiente para obter a forma física máxima. Dançarinos sérios devem complementar seus regimes de dança com um programa de atividade física. Existem cinco elementos da forma física:

1. **Composição corporal** é a proporção de gordura e músculo no corpo. Trata-se de uma imagem mais precisa da forma física do que o peso por si só. Uma pes-

soa magra ainda pode ter uma composição corporal com gordura elevada e ser menos saudável do que uma pessoa mais pesada.

2. **Resistência cardiorrespiratória** é o volume de força e eficiência do coração e dos pulmões.
3. **Resistência muscular** é o período de tempo que você consegue recorrer a um músculo ou grupo muscular específico para agir.
4. **Força muscular** é a capacidade dos músculos de agirem.
5. **Flexibilidade** é a amplitude de movimento das articulações, tanto em repouso como durante a realização de uma atividade física.

Para trabalhar em todos esses elementos, seu regime de exercícios deve incluir treinamento aeróbico e atividades de fortalecimento muscular. As recomendações gerais são 2,5 horas de trabalho aeróbico de intensidade moderada por semana e 2 ou mais dias de atividades de fortalecimento muscular. O fortalecimento de seus músculos deve objetivar pernas, quadris, abdome, tronco, ombros e braços. Dançarinos que dedicam muita atenção à flexibilidade e resistência muscular, mas não à composição corporal, resistência cardiorrespiratória e força muscular podem não ser, de fato, tão fisicamente aptos como parecem.

Muitos benefícios para estar apto, no aspecto físico, são especialmente pertinentes aos dançarinos. Além das vantagens óbvias, como manutenção do peso e boa saúde geral, o exercício reduz a pressão sanguínea, eleva os níveis de lipoproteína de alta densidade (HDL ou colesterol "bom"), treina o corpo para lidar com o estresse físico e emocional, afina o sangue, de modo que o coração fica mais eficiente e, consequentemente, reduz o risco de doença cardiovascular e aumenta a energia. Felizmente, esses benefícios são sistêmicos (ou seja, todo o corpo se beneficia, não apenas as pernas, por exemplo, quando você corre). Essa é uma ferramenta excepcional para manter seu instrumento artístico saudável, eficiente e livre de dor. O tempo gasto em exercício efetivo é um investimento para o resto da vida que será pago no estúdio, no palco e nas atividades diárias.

O que a dança pode e não pode fazer

Os dançarinos gostariam de acreditar que o exercício obtido da aula de dança é suficiente para alcançar boa forma física – o que, infelizmente, é apenas um mito. Embora a dança possa ser física e mentalmente exaustiva, ela não queima, na verdade, muitas calorias. Cientistas da dança concluíram que a aula técnica padrão, com duração de 1 hora, queima somente cerca de 200 e 300 calorias, em mulheres e homens, respectivamente. Uma atividade aeróbica bem estruturada, com 30 minutos de duração, pode queimar 250 calorias em mulheres, portanto a dança não tem sequer metade dessa eficiência (Chemlar & Fitt, 1990). Além disso, a aula de dança consiste em diversos intervalos de exercícios de intensidade alta alternados com períodos de descanso (o momento em que os exercícios são explicados ou você espera sua vez para se movimentar pelo chão). Foi comprovado que o treinamento de intensidade alta com intervalo utiliza a glicose – ou açúcar – como combustível primário. Isso significa que, quando você está na aula de dança, queima o açúcar em sua corrente sanguínea, mas não acessa suas reservas de gordura corporal. Para queimar gordura, o exercício de baixa intensidade durante 30 minutos ininterruptos deve existir (Bailey, 1994).

Em relação à força muscular, há boas e más notícias para dançarinos. Por um lado, a repetição intensa de exercícios na aula de dança tonificará bem os músculos. Em geral, para tonificar um músculo, você o exercita com peso leve (ou nenhum) e repetição intensa. Para desenvolver força muscular, você deve levantar mais peso em poucas repetições. A boa notícia, portanto, é que a dança resulta em músculos tonificados; a notícia ruim é que não necessariamente ocasiona força muscular. Isso é algo em que você deve trabalhar fora do estúdio.

Aproveitar a academia ao máximo

Felizmente, há muitas maneiras fáceis de melhorar sua forma física e sua dança fora do estúdio. A maioria das faculdades e universidades possui academias prontamente disponíveis a alunos. A solução é certificar-se de que está usando a academia a seu favor. Não é raro ver dançarinos que passam horas na academia utilizando equipamentos, mas não veem os benefícios de seu tempo dedicado ao exercício, pois estão fazendo-o de maneira muito ineficaz e supersticiosa. A ciência do exercício, a fisioterapia e a ciência da dança têm muito a ensinar a dançarinos sobre tirar proveito dos recursos de uma academia. A seguir, serão apresentadas algumas recomendações básicas, embora cada dançarino possa se beneficiar com uma consulta pessoal ao fisioterapeuta ou *personal trainer* qualificado, em especial se essas orientações sobre exercício aparentemente não os levar ao objetivo desejado.

Um exercício físico eficaz deve começar com 5 a 10 minutos de aquecimento, para aumentar o ritmo cardíaco e promover elasticidade muscular e lubrificação articular. Isso é seguido por um treinamento aeróbico ou de fortalecimento, durante 30 a 40 minutos; depois, um desaquecimento de 5 a 10 minutos. O desaquecimento deve consistir em uma diminuição gradual da atividade e, em seguida, alongamento, uma vez que o ritmo cardíaco tenha sido reduzido. O desaquecimento lento livrará seus músculos do ácido láctico, um subproduto do exercício que pode causar dor.

Um regime de exercício físico balanceado incluirá dias de treinamento de alongamento, dias de treinamento cardiorrespiratório e dias de descanso. A frequência de sua atividade física dependerá de sua intensidade. Quanto mais intenso o exercício, mais você precisará de tempo de recuperação. Uma explicação mais detalhada de como seu corpo utiliza suas reservas primárias de açúcar e gordura aparecerá na seção sobre nutrição deste capítulo; mas, por ora, lembre-se de que seu corpo queima calorias e seus músculos se fortalecem nos períodos de repouso após o exercício. Na verdade, você pode queimar tantas calorias *depois* da atividade física quanto durante ela! A maioria dos especialistas em exercício recomenda três dias por semana de atividade aeróbica para manter a forma física e cinco dias por semana para melhorá-la.

Nutrição, hidratação e repouso

O treinamento adequado melhora a dança, e o mesmo cabe à nutrição. A nutrição apropriada pode melhorar o desempenho físico para a saúde, em curto e longo prazos. Para compreender como a nutrição adequada melhora a execução da dança, você deve, em primeiro lugar, compreender os elementos básicos da fisiologia do exercício e da nutrição. Finalmente, o repouso é um componente essencial do treinamento de dança e da recuperação.

Nutrição

Como um automóvel, seu corpo necessita de combustível para se movimentar. A atividade de movimento inicia com as ligações químicas dos alimentos, chamadas **macronutrientes**, as quais consistem em carboidrato, proteína e gordura. Embora a proteína seja importante para a reparação tecidual e propósitos regulatórios, os principais fornecedores de energia são carboidratos e gordura. O carboidrato é digerido no intestino delgado, absorvido e, depois, transportado ao fígado e aos músculos, onde é armazenado como glicogênio. O fígado libera glicogênio na corrente sanguínea na forma de glicose, a fim de manter os níveis de glicose sanguínea normais. A glicose é utilizada pelo cérebro e pelos músculos esqueléticos e pode funcionar como uma fonte de energia imediata. Pelo fato de o carboidrato ser o combustível primário que você usa durante a atividade física, é crucial o consumo de carboidratos diariamente. Atletas e dançarinos treinados devem consumir de 5 a 10 gramas de carboidrato por quilograma de peso corporal (Dunford, 2006).

Proteínas são componentes orgânicos complexos. As estruturas básicas da proteína são uma cadeia de aminoácidos. Elas são importantes para a reparação tecidual e propósitos regulatórios. Alimentos que contêm proteínas são agrupados em completos ou incompletos. As proteínas completas, como aquelas encontradas em produtos de origem animal (peixe, ovos, leite) e alguns produtos não animais (como a quinoa), contêm todos os nove aminoácidos essenciais. Proteínas incompletas, como aquelas encontradas na maioria das favas, nozes e grãos, apresentam falta de um ou mais desses aminoácidos essenciais e podem ser consumidas em combinação para formar uma proteína completa. Veganos e vegetarianos podem consumir uma combinação de favas, nozes e grãos para obter suas necessidades proteicas diárias. A necessidade proteica entre dançarinos é a mesma de qualquer adulto, de acordo com a ingestão dietética de referência (RDI, na sigla em inglês), que é de 0,8 gramas por quilograma ao dia (Dunford, 2006). Embora muitos atletas treinados em resistência possam necessitar de mais proteína, os dançarinos, em geral, não se enquadram nessa categoria.

Muitos dançarinos temem a palavra *gordura*. No entanto, a gordura é essencial; ela continua sendo a principal fonte de energia, conserva a temperatura corporal, protege os órgãos, contribui para a saciedade dos alimentos e auxilia no transporte e na absorção de vitaminas lipossolúveis. A gordura dietética é digerida em ácidos graxos, absorvida no intestino delgado e armazenada como triglicérides no tecido adiposo. Esses ácidos graxos podem ser utilizados de imediato para a energia.

Quando comer

Além de prestar atenção ao que deve consumir, você também deve fazê-lo quando consome calorias. Dançar sem ter se alimentado é uma prática arriscada, uma vez que seus músculos necessitam de glicose para energia. Se ela não vier dos alimentos ingeridos por você, o corpo irá extraí-la dos próprios músculos. Isso significa que você enfraquecerá seus músculos, da mesma forma que está colocando uma exigência sobre eles, expondo-se a lesões. Uma hora antes do exercício, você deve consumir água e algum carboidrato e proteína. Consuma pequenas quantidades de comida a cada três a quatro horas para ajudá-lo a evitar queda do açúcar sanguíneo. Permanecer mais de cinco horas desperto sem se alimentar fará com que seu corpo suplique por carboidratos e, em geral, resulta em consumo exagerado.

Vitaminas e suplementos

Muitos dançarinos tomam suplementos vitamínicos e minerais diariamente. Embora essa seja uma prática perfeitamente segura, você deve lembrar que suplementos não são a solução para uma dieta pobre. Na verdade, não existe uma substância descoberta que melhore a *performance* atlética e não apresente o risco de efeitos colaterais substanciais. As vitaminas podem ser consumidas em doses excessivas com resultados tóxicos, portanto certifique-se de não exceder as doses recomendadas. Suplementos herbáceos, em especial suplementos para perda de peso, são geralmente nada mais do que laxantes naturais; então não presuma que *herbáceo* seja sinônimo de *saudável*. Sua melhor abordagem à boa saúde e energia é melhorar a qualidade de sua alimentação, em termos nutricionais.

Hidratação

O que e quando você bebe são mais importantes do que o que e quando você come. Quando você se exercita ou dança, começa a suar – a água evapora de sua pele para esfriar o sangue próximo à superfície. Isso significa que há menos líquido no sangue, o que pode torná-lo mais espesso, ou seja, significa que o oxigênio necessário é transportado mais lentamente para

> ### Você sabia?
>
> Repense o que você bebe: bebidas cafeinadas, refrigerantes, álcool e bebidas adoçadas podem ser tentadores, mas oferecem pouca ou nenhuma nutrição, além de também poderem levar à desidratação. Substituir uma ou mais dessas bebidas por água durante o dia irá reidratar você e reduzir o número de calorias vazias consumidas.

ra seus músculos. Se a água não for reabastecida, podem ocorrer tontura e desidratação. Aqui estão algumas orientações simples para o que e quando você deve beber:

- Beba uma xícara (aproximadamente 240 mL) de água meia hora antes de você se exercitar ou fazer aula de dança.
- Beba aproximadamente 90 a 180 mL de água a cada 15 a 20 minutos durante a aula de dança ou ensaio e durante a atividade física, caso ela dure mais de 20 minutos.
- Beba líquidos frios, com temperatura em torno de 4 a 10°C. Eles são absorvidos com mais rapidez do que bebidas mornas ou geladas.
- Beba aproximadamente 230 mL de líquidos 30 minutos após a dança ou atividade física.
- Antes e durante períodos extensos de dança, beba apenas água.

A água é a melhor bebida para se consumir na maior parte do tempo. Após dançar durante um longo período, contudo, o suco de fruta pode nutri-lo melhor. Porém, durante o exercício ou a dança, o açúcar no suco de fruta é desnecessário, a menos que você esteja envolvido em um esporte de resistência em longo prazo.

Beba água quando seu corpo assim exigir. Nutricionistas recomendam que sua ingestão de cafeína não exceda 250 miligramas por dia, o equivalente a duas xícaras de 150 mL de café. Há cada vez mais pesquisas que indicam que adoçantes artificiais em bebidas *diet* fazem a fome aumentar e podem, na verdade, resultar em ganho de peso.

Repouso

A fim de preparar-se para a aula de dança, você deve estar descansado. Em conjunto com nutrição e hidratação apropriadas, o repouso adequado auxilia a recuperação e a revitalização. Quando os músculos estão sobrecarregados, precisam de descanso para se reconstituir. Sua mente também precisa de repouso para funcionar de maneira ideal. Quando você não descansa o suficiente, fica menos alerta e mais suscetível a acidentes. Se você tiver dificuldades para dormir ou estiver muito ansioso para descansar, aprenda algumas técnicas de relaxamento e se policie durante o dia, de modo que seu corpo e sua mente tenham tempo para repousar.

Resumo

Um dos maiores benefícios de estudar dança moderna é que você aprende mais sobre o funcionamento do seu corpo. Ao prestar atenção nas áreas tratadas neste capítulo, você compreenderá melhor a incrível coordenação de seus músculos e esqueleto quando dançar. Você aprendeu como se aquecer e conservar seu copo, e agora conhece as causas mais comuns de lesões em dançarinos. Se você seguir o conselho deste capítulo em relação à forma física e ao aquecimento, terá uma experiência bem-sucedida e agradável na dança moderna, bem como as soluções para sua longevidade como dançarino. Ao seguir as orientações nutricionais e de hidratação deste capítulo, você será capaz de abastecer seu corpo para atingir o desempenho máximo. Aprender e compreender como seu corpo funciona sob o ponto de vista físico não é apenas valioso para uma experiência em dança moderna satisfatória, mas vital para uma experiência de vida igualmente prazerosa.

4
Princípios da dança moderna

Uma das partes mais estimulantes e desafiadoras de uma aula de dança moderna é aprender movimentos novos e maneiras de unir movimentos. Alguns deles se justapõem a outros gêneros de dança, e outros são únicos na dança moderna. Após aprender os blocos que constituem essa forma de arte, você se sentirá mais confortável em participar e expressar-se nesse ambiente.

Este capítulo apresenta algumas das ideias básicas da dança moderna. Uma visão geral dos conceitos e dos princípios de movimentos utilizados nesse gênero de dança pode prepará-lo para absorver mais rapidamente os conceitos abrangidos pela dança moderna. Uma compreensão mais profunda dessa forma de arte lhe ajudará a realizar movimentos, e não apenas imitá-los. A intimidade com os estilos básicos de dança moderna também pode tornar suas experiências de movimento mais satisfatórias, pois você notará de que maneira o que você está fazendo no estúdio se relaciona com uma tradição centenária de expressão física e artística. Este capítulo contempla conceitos, princípios de movimentos, bem como posições básicas e movimentos do corpo.

Elementos da dança

Na dança moderna, muitos conceitos de movimentos do corpo realizados no espaço se devem aos ensinamentos do teórico e educador de movimento **Rudolf von Laban**, húngaro que viveu entre o fim do século XIX e início do século XX. Laban criou um complexo método analítico para descrever as inúmeras possibilidades de movimento do corpo humano. Seu sistema, chamado de **análise Laban de movimento** (LMA, na sigla em inglês) continua a ser estudado atualmente em todo o mundo. Os princípios desse sistema oferecem um vocabulário amplo para descrever em que lugar do espaço o corpo se movimenta e as próprias características dos movimentos. Esse sistema de análise representa a base para muitas áreas – é utilizado por diretores de ensaio, atores, coreógrafos e terapeutas de dança/movimento a fim de fornecer um vocabulário comum para a compreensão do modo como os humanos se movimentam, tanto nos contextos de *performance* como na vida diária.

Os primeiros alunos de Laban foram alguns dos precursores mais influentes da dança moderna, como Mary Wigman, considerada muitas vezes como a mãe da dança moderna na Alemanha. O trabalho de Laban desenvolveu-se no século XX, mesma época em que a dança moderna nasceu, e muitos de seus princípios de movimentos foram uma incorporação natural a essa forma de arte. Embora esteja além do âmbito deste texto se debruçar com grande detalhamento sobre os princípios da análise Laban de movimento, há diversas ideias fundamentais de seu trabalho que lhe ajudarão a compreender os movimentos básicos e estéticos da dança moderna.

As quatro maneiras essenciais nas quais Laban dividiu sua análise de movimentos eram corpo, espaço, forma e esforço. Corpo refere-se a todas as formas anatômicas em que o corpo se movimenta baseadas na progressão de desenvolvimento – inclusive iniciação, sequência, respiração, apoio e fraseado. **Espaço** diz respeito a caminhos, níveis (próximo ou afastado do chão) e claridade nas direções em que o corpo se movimenta. Forma designa como os contornos do corpo se transformam e se adaptam quando ele se movimenta pelo espaço. No entanto, o mais importante a saber, com o propósito de observar os elementos da dança moderna, é o quarto elemento – chamado por Laban de quatro esforços (Newlove & Dalby, 2004). Esses são os termos que você ouvirá com bastante frequência nas aulas de dança moderna. Tais elementos são espaço, tempo, peso e fluência. Vamos refletir sobre cada um deles.

Espaço

Esse elemento se refere à maneira como você se relaciona com o espaço. Você pode se aproximar do espaço de forma linear, deslocando-se diretamente de um lugar a outro; ou pode ter consciência de todo o espaço ao seu redor. A partir dessa perspectiva, o uso do espaço pelo corpo é direto ou indireto.

Movimentos diretos possuem cursos definidos claramente no espaço. Quando você deseja chamar a atenção de alguém para algo, utiliza o dedo para apontar diretamente para isso. Nesse gesto simples, o curso que seu dedo segue é direto. O oposto disso é o **movimento indireto**. Esses movimentos possuem um curso multidirecional ou mais desviado pelo espaço. Quando você está passeando em um parque de diversões ou feira, sua trajetória de uma atração a outra é indireta.

Tempo

Em termos musicais, **tempo** se refere ao ritmo ou uso de uma batida ou pulsação. Na dança, contudo, o tempo não precisa de música ou uma batida estável para existir; ele se relaciona mais à duração de um movimento. De maneira específica, o tempo, nos termos do esforço de Laban, diz respeito à sua atitude em relação ao tempo – quer ele pareça se movimentar lenta ou rapidamente. Laban descreveu o movimento como **rápido** ou **sustentado**. Como o próprio nome diz, movimentos rápidos são aqueles de duração curta; e sustentados, de duração mais longa. Quando você coloca, por acidente, a mão em um forno quente, o movimento para retirá-la é do tipo rápido. Quando você acaricia a pelagem exuberante de um gato de pelo longo, sua mão se movimenta de maneira lenta e sustentada.

Peso

A condição de **peso** afeta o aspecto e a sensação do movimento também. Nos termos dos princípios de Laban, peso é a atração da gravidade sobre o corpo. Alguns movimentos resistem à gravidade, enquanto outros cedem a ela. Laban referiu-se a essa continuidade de aspectos ponderados como movimentos entre **intensos** e **suaves**. Um movimento intenso é aquele no qual há muita firmeza e força, ou indulgência na gravidade. Um movimento suave é aquele no qual há efeito menos aparente da gravidade. Levante o braço e, depois, abaixe-o, como se fosse feito de um metal muito pesado. Isso é peso intenso. Levante o braço novamente e, agora, abaixe-o como se fosse feito de penas. Essa é a característica leve do peso.

Fluência

O quarto elemento é a **fluência**, que descreve quão contínuo é o movimento. Essa dimensão é medida pelo *continuum* de livre e contido. **Fluência livre** é o movimento conectado e contínuo; pense na água que flui rio abaixo ou em cabelos ao vento. **Fluência contida** é a extremidade oposta do *continuum*. Esse é o movimento firme, controlado, cuidadoso e descontinuado; há uma característica de "começo e fim". Pense na ação de dirigir um carro em estradas de paralelepípedo.

Os elementos espaço, tempo, peso e fluência podem ser utilizados para descrever qualquer movimento. Nenhum deles é inerentemente bom ou ruim na dança moderna. Movimentos bruscos têm seu espaço na coreografia, tanto quanto os suaves. Às vezes, um movimento intenso é exigido; em outras, um suave, e assim por diante. Começar a reconhecer essas características no movimento pode ajudá-lo a escolher combinações de movimento ou exercícios mais rapidamente. Sem dúvida, quando chegar o momento de uma audição para apresentações, compreender não apenas os passos específicos solicitados a você, mas com quais características espera-se que você os realize poderia ser exatamente o aspecto competitivo necessário para ser escalado em uma peça. Não importa qual tipo de movimento seja solicitado a você na dança, os esforços (espaço, tempo, peso e fluência) são os blocos constituintes para a compreensão dos próprios movimentos.

Cinesfera

Além de observar a maneira como o espaço é percorrido, Laban fornece diretrizes direcionais para descrever o espaço, as quais orientam o corpo dentro de uma esfera de movimento chamada **cinesfera**. Essa é a quantidade de espaço ao redor do seu corpo que se estende às extremidades de onde você pode alcançar em cada direção. Onde você se encontra no espaço da cinesfera – esteja você estendendo-se atrás de si ou à sua frente – pode ser descrito como se acontecesse em três planos de movimentos interseccionais ou planos de espaço.

Planos dimensionais

Os três planos de espaço que Laban descreve para quantificar a compreensão do lugar em que seu corpo está se movimentando chamam-se **planos dimensionais**. Esses três planos se interseccionam no centro do corpo. Imagine-se como o centro de sua própria cinesfera. Agora, estique os braços sobre sua cabeça, diretamente acima dos ombros, e abra as pernas o máximo que elas podem ir, sem causar desconforto. Você está demonstrando, neste momento, o **plano vertical**, também conhecido como plano da porta. Esse é o plano que descreve quão alta e baixa pode ser a dimensão de movimento. A seguir, imagine que você está exatamente no centro de uma mesa, como o guarda-sol no centro de uma mesa em uma área externa. Abra os braços ao seu redor, na altura da cintura, e você experimentará o **plano horizontal** ou plano da mesa. Essa é a dimensão que descreve o alcance de tudo ao seu redor, de um lado a outro. Finalmente, estique sua mão direita à sua frente e sua mão esquerda atrás de si. Firme os pés, de modo que o pé direito também fique voltado para a frente, e seu pé esquerdo, para trás. Você agora está no **plano sagital** ou plano da roda. Essa dimensão é aquela que inclui a distância que você consegue atingir para a frente e para trás, em sua cinesfera. A Figura 4.1 mostra a cruz dimensional dos três planos, de acordo com a concepção de Laban.

Pensar no espaço ao seu redor dessa maneira proporciona alguns pontos de referência para posições corporais. Imagine-se alcançando o alto do plano vertical – a direção alta ao seu redor. Se você esticar-se à sua frente para o alto, isso é conhecido como alto anterior; se esticar-se para trás, em um nível baixo, é o baixo posterior. Essa informação, especificamente, pode ajudá-lo a compreender de maneira exata para onde seus braços, pernas, quadris e tronco serão guiados a realizar qualquer forma.

Níveis

Outra maneira de se observar no espaço é utilizar o chão sob você como um ponto de referência. Isso é chamado de uso de **nível** na dança. Laban observou pessoas enquanto se movimentavam em um de três espaços em relação ao solo.

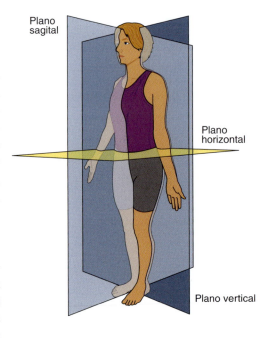

Figura 4.1 Planos dimensionais.

Você poderia se movimentar no alto, ou tão afastado do chão quanto possível, o que incluiria esticar-se, pular e saltar. Você também pode se movimentar no nível baixo, que inclui movimentos terrestres, por exemplo, curvatura e rolamento. E você poderia se movimentar no nível médio, entre os extremos de alto e baixo, ou no espaço central de sua cinesfera. O uso dinâmico de níveis é uma ferramenta importante de coreógrafos da dança moderna para criar variedade.

Movimentos prioritários na dança moderna

Agora que você possui uma compreensão quanto à maneira como a dança moderna trata o movimento, o próximo passo é compreender como esses esforços de movimento quanto a espaço, tempo, peso e fluência são frequentemente utilizados na dança moderna. Cada gênero de dança usa o mesmo instrumento, o corpo humano. Como, então, a dança moderna é diferente de outros tipos de dança? A resposta a essa pergunta reside nas maneiras como os movimentos são unificados, bem como nas preferências estéticas da forma de arte. Nesta seção, você aprenderá sobre essas preferências na dança moderna, as quais cabem a todos os estilos da forma. Tais preferências incluem movimento iniciado no centro, respiração, corpo integrado, preferência pela fluência à forma e balanço de forças opostas.

Essas preferências quanto a maneiras de se movimentar são iguais em importância na dança moderna; uma não é mais importante ou mais comum do que as outras. Se ouvir as orientações que os professores de dança fornecem e prestar muita atenção ao *feedback* e às correções que você e outros dançarinos recebem em aula, provavelmente ouvirá essas ideias mencionadas com frequência. Às vezes, a aplicação de uma dessas formas de movimento é a diferença entre um movimento bem executado e um aceitável. Percorrer o espaço e segurar a respiração, por exemplo, não parecerá nem terá a mesma sensação de quando percorrer o espaço com uma expiração profunda. Vamos observar cada uma dessas preferências individualmente.

Movimento iniciado no centro

Os movimentos na dança moderna frequentemente iniciam no meio do corpo, com o uso dos músculos do abdome, em geral, unidos a uma expiração. Isso é o que se trata de movimento iniciado no centro, que começa no centro do corpo. Você pode observar que seu professor inicia a aula expirando e se curvando no centro ou até sentado no chão e curvando o centro do tronco. Há diversos motivos para isso.

A dança moderna iniciou em uma época em que as mulheres usavam espartilhos. Em muitos casos, elas não conseguiam movimentar o tronco com facilidade nem respirar profundamente. As primeiras mulheres pioneiras no campo da dança moderna retiraram seus espartilhos e observaram o que acontecia quando a respiração passava pela parte superior de seus corpos. Você pode tentar fazer isso. Observe seu tronco no espelho enquanto exagera a respiração e você verá os primórdios do movimento chamado **contração**. Essa curvatura do corpo, para a frente e para trás, é fundamental para todas as formas de dança moderna. Alguns estilos contraem o tronco mais para cima e mais para baixo, e alguns torcem esse movimento para a lateral, mas não importa como seja realizado, é a parte essencial do vocabulário. Os primeiros dançarinos modernos sentiram que esse movimento apresentou uma sensação de liberdade quanto à repressão física dos espartilhos, mas também às restrições políticas que ele sugeria. Os primórdios da dança moderna estão vinculados à primeira onda de feminismo, e o símbolo do tronco se movimentando sem um espartilho era uma maneira de expressar o desejo de rejeitar as limitações estabelecidas às mulheres naquela época.

Outro motivo para tantos movimentos de dança moderna iniciarem no centro do corpo pode se relacionar, mais uma vez, a Laban. A cruz dimensional imaginária, a partir da qual Laban deu início à descrição dos movimentos, intersecciona-se no centro do tronco – é, literalmente, o centro do movimento a partir dessa perspectiva. A primeira parte do século XX, quando a dança moderna iniciou, foi um momento de descoberta científica. A popularidade de uma maneira científica e analítica de observar os movimentos pode ter sido uma estrutura poderosa para os pioneiros dos primórdios da dança moderna. Há uma grande possibilidade de que a maneira de Laban estruturar os movimentos tenha influenciado os modos de criação da dança moderna pelos pioneiros.

Respiração

O uso da respiração é um dos princípios de movimento que unem todos os diversos estilos de dança moderna. A respiração é uma força fundamental da natureza e um elemento de sustentação da vida. Muitos dos pioneiros da dança moderna tinham interesse em como o corpo em movimento se relacionava com o mundo natural. Eles desejavam saber como o corpo era, assim como o movimento do mar ou os elementos do mundo natural, e isso necessitava que prestassem atenção aos ritmos do corpo por meio da respiração. Talvez pelo fato de os primeiros pioneiros terem explorado isso tão plenamente quando retiraram seus espartilhos ou tentavam se conectar à natureza, ou, quem sabe, pelo fato de ser simplesmente fundamental para um uso atlético do corpo, a respiração é comumente explorada na aula de dança moderna. Os movimentos podem surgir da expiração ou inspiração. Com frequência, você será instruído a observar o padrão de sua respiração enquanto se movimenta em uma sequência de dança. Não se surpreenda se pedirem que você torne sua respiração audível com uma expiração alta! Prestar atenção em sua respiração pode tornar algumas sequências mais fáceis de executar, mas também pode desenvolver seu investimento emocional e físico nos movimentos. Quando vincula sua respiração às suas ações, está utilizando mais de si mesmo enquanto dança.

Corpo integrado

Todas as formas de dança dependem da movimentação harmônica das partes do corpo. Como é essa harmonia, no entanto, varia de uma forma de dança a outra. Na dança moderna, utilizar o corpo como um todo é, em geral, uma preferência. É impossível fazer afirmações incondicionais nas artes. Alguns coreógrafos da dança moderna utilizam o isolamento como parte de seu vocabulário, mas, em geral, o uso totalmente integrado do corpo é um princípio da dança moderna. Isso significa que, quando você executa até o menor movimento, seu corpo inteiro se envolve. Quando você se estica para cima, envolve suas pernas num enraizamento ao solo. Quando empurra os braços para a frente, permite que seu tronco responda. Embora dançar corretamente, em todas as formas de dança, exija que você preste atenção a todo o seu corpo, em especial ao local que o alinhamento influencia, os movimentos da dança moderna lhe incentivam a integrar seus braços, pernas, coluna vertebral e tronco para criar os movimentos da forma de dança, em vez de isolar cada parte do corpo. O coreógrafo de dança moderna, José Limón, no século XX, afirmou que o corpo é como uma orquestra. Cada parte do corpo é uma seção do grupo. Embora, às vezes, os violinos (ou, digamos, os braços e o tronco) estejam no comando, a orquestra inteira está envolvida na música. Tenha isso em mente quando estiver aprendendo movimentos novos. Se você se perguntar como o corpo todo está reagindo à instrução e qual parte da orquestra do seu corpo está tocando mais alto poderá considerar os movimentos mais fáceis e prazerosos de realizar.

Preferência pela fluência à forma

Embora a forma seja uma parte importante do uso do corpo para fazer arte na dança moderna, ela não se ajusta somente a formato, linha e posturas. Na verdade, a fluência – ou transição de uma forma para outra – é tão importante na dança moderna quanto as próprias formas. Em muitas combinações de movimento, as formas são utilizadas para percorrer o espaço, ou uma forma se transforma em outra. À medida que aprender novas sequências de movimento na aula de dança moderna, pergunte a si mesmo se esperam que você deixe a forma do corpo distinta ou se o professor pretende que você misture uma forma a outra. Essa característica de continuidade pode ser um aspecto distintivo dos movimentos que você está aprendendo.

Balanço de forças opostas

Um princípio descrito originalmente por Laban e observado com frequência na dança moderna é o conceito de **balanço de forças opostas**, que significa proporcionar energia a duas partes opostas do corpo. Se você esticar sua perna direita atrás de si e seu braço esquerdo à sua frente, e estender cada uma das partes nas direções apontadas com a mesma energia, estará usando o balanço. É uma maneira de você criar uma conexão energética ou tensão, entre essas partes do corpo. Essa forma de abordar o movimento não somente fortalece a postura em que você se encontra, como também proporciona ao corpo uma visão muito diferente daquela em que você estaria apenas prestando atenção ou fornecendo energia a uma das duas partes. Em algumas técnicas modernas, esse balanço é utilizado para intensificar o senso de diagonais que cruzam o corpo; em outros tipos de dança moderna, é usada para encontrar uma tensão ou energia entre o movimento ascendente dos dançarinos ao mesmo tempo que uma ligação forte com o chão é mantida.

Apresentar balanços no corpo não significa que você precisa estar sempre em equilíbrio. Na verdade, a ideia de desequilíbrio, na dança moderna, é comumente considerada bela. Essa é a diferença entre **estável** e **instável**. Estável é quando o corpo está equilibrado; instável

> ### Atividade
>
> #### Balanço de forças opostas
>
> Com frequência, a oposição à sua energia pode vir de outro dançarino, não apenas de outra parte do corpo. Fique de frente para outro dançarino e segurem as mãos um do outro, de modo que sua mão direita segure a mão esquerda de seu parceiro, e sua mão esquerda segure a mão direita dele. De maneira lenta, afastem-se um do outro com força semelhante, sem se soltarem. A energia criada entre vocês é uma força poderosa para o trabalho de parceria na dança moderna. Esse balanço pode ser criado entre dois dançarinos quaisquer, como parceiros, independentemente do gênero.

Dança moderna – Fundamentos e técnicas

é quando o corpo está fora de equilíbrio. A exaltação de quase perder o equilíbrio e, depois, recuperá-lo, acrescenta vitalidade e dinâmica ao vocabulário de movimento da dança moderna.

Essas preferências por maneiras de se movimentar serão combinadas com os passos e posições básicos da dança moderna em suas aulas. Você precisará aprender o vocabulário básico de movimento de dança moderna, composto por posições básicas, movimentos locomotores e não locomotores, bem como essas preferências, a fim de ser um dançarino moderno bem-sucedido.

Posições básicas

Embora não haja dúvidas quanto a uma diferença entre estilos de dança moderna, no que tange a quais passos, posições e formas utilizados, determinadas posições básicas são compartilhadas entre todos os diversos estilos da dança que se enquadram no amplo leque da dança moderna. Algumas delas foram emprestadas do *ballet* e podem transportar esses mesmos termos para aulas de dança moderna. Tais posições básicas serão úteis para a compreensão das técnicas codificadas a serem apresentadas no Capítulo 8 deste livro.

Posições com pés e pernas paralelos

A dança moderna faz uso de muitas posições de pés, inclusive flexionados e apontados. **Pé flexionado** é aquele em que os dedos são levados para cima, de modo que a articulação do tornozelo fique flexionada em ângulo reto em relação à perna. Na posição de **ponta esticada**, os dedos e a parte superior do pé são estendidos para formar uma linha extensa da parte anterior da canela até os dedos. Todas as formas de dança moderna também utilizam uma posição chamada **paralela**. Isso significa que as pernas permanecem fixas, de modo que os joelhos e os dedos dos pés fiquem voltados para a frente.

Primeira posição paralela

A posição paralela mais comum é a **primeira**. Posicione os pés diretamente sob os quadris, com os dedos voltados para a frente. Essa é a primeira posição paralela (Fig. 4.2). Certifique-se de que, quando você flexionar os joelhos, estes fiquem alinhados ao centro do seu pé e você não permita a aproximação dos joelhos nessa posição. Isso garantirá bom alinhamento das pernas para movimentação e saltos.

Segunda posição paralela

Se você afasta os pés um pouco mais do que a largura dos quadris, mas mantém os dedos dos pés voltados para a frente, estará em uma posição que a maioria dos estilos de dança moderna chama de **segunda posição paralela** (Fig. 4.3).

Figura 4.2 Primeira posição paralela.

Figura 4.3 Segunda posição paralela.

Figura 4.4 Quarta posição paralela.

Quarta posição paralela

Agora leve sua perna direita à sua frente, de modo que a parte posterior de seu calcanhar se posicione pouco atrás dos dedos do pé esquerdo. Essa posição chama-se **quarta posição paralela** (Fig. 4.4). Essa é a posição no lado direito; troque o pé para realizar a quarta posição paralela no lado esquerdo.

Posições de pés e pernas rotacionados para fora

Além das posições em paralelo, a dança moderna utiliza posições originadas da tradição do *ballet*. Todas essas posições são realizadas com as pernas rotacionadas para fora.

A posição rotacionada para fora se refere à rotação dos quadris e das pernas para longe da linha mediana do corpo. Una os pés, de modo que os calcanhares e os dedos dos pés se toquem em paralelo. Agora, a partir das articulações do joelho, gire as pernas para fora até que elas se afastem confortavelmente ao mesmo tempo que os calcanhares permanecem unidos, e os dedos dos pés, afastados. Essa é uma **posição rotacionada para fora**. Algumas pessoas apresentam um grau amplo de rotação natural em virtude de cavidades dos quadris mais flexíveis. Não gire as pernas excessivamente, pois pode causar lesões. Para controlar a rotação excessiva, flexione suavemente os joelhos. O centro do seu joelho deve estar diretamente alinhado aos dedos médios do pé. Se seu joelho não estiver alinhado com os dedos médios, ajuste a rotação para o lado interno, até encontrar o verdadeiro alinhamento de suas pernas. Para a maioria dos dançarinos iniciantes, é um ângulo de aproximadamente 90°, que será ampliado com o treinamento adequado, mas é importante não forçá-lo até a posição. Com as pernas voltadas para fora, há cinco posições de pés utilizadas na dança moderna, extraídas das tradições do *ballet* e cujos nomes foram mantidos.

Primeira posição

Se estiver em pé, com os calcanhares unidos e os dedos dos pés afastados, as pernas adequadamente voltadas para fora dos quadris, você estará na **primeira posição**. Nas aulas de dança moderna, como o primeiro paralelo é utilizado com frequência, você pode ouvir essa posição referida como **primeira posição rotacionada para fora** (Fig. 4.5).

Segunda posição

Se você estender um pé para a lateral e, em seguida, firmá-lo até realizar o giro para fora, com a largura um pouco maior do que os quadris, essa é a **segunda posição** ou **segunda posição rotacionada para fora** (Fig. 4.6).

Terceira posição

Agora, mova seu pé direito para dentro, de modo que o calcanhar do pé direito fique no meio do arco do pé esquerdo. Você está na **terceira posição** ou **terceira posição rotacionada para fora** (Fig. 4.7). Ela pode ser realizada em ambos os lados.

Figura 4.5 Primeira posição rotacionada para fora.

Figura 4.6 Segunda posição rotacionada para fora.

Figura 4.7 Terceira posição rotacionada para fora.

Quarta posição

A partir da primeira posição, estique o pé direito à sua frente e posicione o calcanhar no chão, de modo que o calcanhar direito e o dedão do pé esquerdo fiquem separados pela distância de um pé. Essa é a **quarta posição** ou **quarta posição rotacionada para fora** (Fig. 4.8). Ela pode ser realizada em ambos os lados. Em muitas aulas de *ballet* e algumas de dança moderna, a quarta posição não se origina a partir da primeira, e sim da terceira, portanto as pernas estão mais cruzadas. Caberá a seu instrutor decidir como você deve realizar a quarta posição.

Quinta posição

Retorne à terceira posição. Em vez de posicionar o calcanhar direito na linha mediana do pé esquerdo, aproxime-o do dedão do pé esquerdo. Essa é a **quinta posição** ou **quinta posição rotacionada para fora** (Fig. 4.9). Assim como a terceira e a quarta posições, a quinta também pode ser realizada de ambos os lados.

Posições de braço

Assim como as posições comuns de perna e pé possuem nomes, há posições comuns de braço que apresentam nomes específicos; no entanto, existe uma variedade ampla de terminologias para os braços. Isso possivelmente se deve ao fato de diferentes estilos de *ballet* utilizarem numerosos sistemas diferentes para os braços. Você também descobrirá que, nas aulas de dança moderna, essa terminologia específica para posições tradicionais de braço pode não ser utilizada pelo simples fato de haver muitas variedades de posições de braço na dança moderna, e muitos professores não adotam as tradicionais

Figura 4.8 Quarta posição rotacionada para fora.

Figura 4.9 Quinta posição rotacionada para fora.

do *ballet*. Caso seu professor não utilize essa terminologia ou se você quiser experimentar as variações em suas próprias escolhas de movimento, revisaremos as posições de braço mais comuns.

Primeira posição

Na **primeira posição dos braços**, ambos estão nas laterais, com uma curvatura suave no cotovelo, como se houvesse uma pequena corrente de ar sob as axilas. Os dedos ficam ligeiramente separados e repousam na altura do meio das coxas (Fig. 4.10).

Segunda posição

A **segunda posição dos braços** se refere a ambos os braços nas laterais do corpo, em um ângulo de cerca de 90° em relação ao tronco. Nessa posição, os braços também estão levemente curvados, com as palmas das mãos voltadas para a frente do corpo ou levemente inclinadas para baixo (Fig. 4.11). Seu professor irá esclarecer quais são as variações de sua preferência, mas em todas elas os ombros não devem estar inclinados, e sim relaxados e com os músculos da parte superior das costas apoiando os braços. A segunda posição é, provavelmente, a posição de braço mais comum encontrada nas aulas de dança moderna.

Terceira posição

Levante um braço, de modo que fique diretamente inclinado sobre a cabeça. Essa é a **terceira posição dos braços** (Fig. 4.12).

Figura 4.10 Primeira posição dos braços.

Figura 4.11 Segunda posição dos braços.

Quarta posição

Eleve o braço flexionado à sua frente e, depois, sobre a cabeça; assim, você terá a **quarta posição dos braços** (Fig. 4.13). A terceira e a quarta posições dos braços possuem muitas variações, e seu professor explicará qual você deve adotar em um exercício específico.

Quinta posição

Levante os dois braços, de modo que fiquem sobre a cabeça, levemente flexionados. Essa é a **quinta posição dos braços** (Fig. 4.14).

Posições de solo

Os dançarinos modernos acreditam que a terra e, consequentemente, o solo, seja uma fonte de energia. Por causa dessa conexão, uma parte da aula de dança moderna acontece quando se está sentado ou deitado no chão do estúdio de dança. Um vocabulário de posições relacionado ao uso do solo foi desenvolvido a partir dessa prática.

Figura 4.12 Terceira posição dos braços.

Figura 4.13 Quarta posição dos braços.

Figura 4.14 Quinta posição dos braços.

Posição de X

Alguns professores iniciam a parte da aula dedicada ao solo deitados na posição de **X**. Baseada no trabalho da fisioterapeuta Irmgard Bartenieff, essa forma é exatamente como o nome diz. Em pé, realize uma segunda posição ampla, com as mãos acima da cabeça estendendo-se em ambos os lados. Agora repita essa posição deitado de costas no chão (Fig. 4.15). Você está, agora, na posição de X, ótima para sentir as tensões diagonais do corpo. Estique o braço esquerdo e a perna direita enquanto estiver lá. Você não precisa se preocupar com o equilíbrio enquanto se estica; sinta-se livre para experimentar o fluxo energético entre as partes do seu corpo.

Figura 4.15 A posição de X.

Além de deitar no chão, na aula de dança moderna, você pode realizar parte do trabalho de solo enquanto estiver sentado. Há quatro posições básicas das pernas para o trabalho de solo realizado quando sentado.

Sentada do alfaiate

Com frequência, sentar-se com as solas dos pés unidas é denominada posição da **sentada do alfaiate.** Você pode tê-la experimentado em suas aulas de educação física na escola, como alongamento borboleta. A diferença é que os pés não são puxados o máximo possível, para que fiquem próximos a você; ao contrário, seus pés devem estar a uma distância adequada, afastados do tronco, de modo que você se sente confortavelmente com as costas eretas e os ombros posicionados sobre os quadris, em bom alinhamento (Fig. 4.16).

Primeira posição no solo

A **primeira posição no solo** envolve sentar-se com ambas as pernas estendidas diretamente à sua frente. Os joelhos devem estar voltados para cima, as pernas, em paralelo; ou os joelhos podem estar voltados mais em direção às laterais, de modo que você assuma a primeira posição rotacionada para fora, no solo (Fig. 4.17).

Figura 4.16 Sentada do alfaiate.

Segunda posição no solo

A **segunda posição no solo**, exatamente como a segunda posição em pé, é do tipo aberta, com as pernas afastadas o máximo possível, sem deslizar para a fren-

Capítulo 4 • Princípios da dança moderna 63

te e com as costas eretas, confortavelmente em ângulo reto em relação às pernas (Fig. 4.18). Como na primeira posição no solo, as pernas podem estar paralelas ou voltadas para fora. Muitos dançarinos ficam ansiosos para obter uma abertura ampla das pernas nessa posição e, por isso, forçam as pernas além do que um bom alinhamento permite. Para manter o alinhamento nessa posição, vire os joelhos em direção ao teto ou gire-os para fora a fim de abrir as pernas em uma posição rotacionada para fora.

Figura 4.17 Primeira posição no solo.

Figura 4.18 Segunda posição no solo com (a) pontas esticadas e (b) pés flexionados.

Dica de segurança

Se os joelhos parecerem deslizar para a frente na segunda posição no solo, significa que suas pernas estão muito abertas. Esse alinhamento incorreto pode, no início, parecer flexibilidade, mas, na verdade, confirma o alinhamento errado que não somente lesiona os joelhos, como também pode ocasionar o desenvolvimento de maus hábitos em pé ou na movimentação da segunda posição. Uma vez ajustado o alinhamento, há segurança. Por isso, opte pela posição menor, mais correta, pois beneficiará muito mais sua técnica em longo prazo.

Quarta posição no solo

A **quarta posição no solo** (Fig. 4.19) é uma posição sentada na qual a perna da frente está dobrada à sua frente, com o joelho voltado para fora, e o pé, em direção à linha mediana do corpo. A perna de trás também está flexionada, mas em um ângulo reto em relação à outra perna e com o pé com a ponta esticada atrás de você. Os dedos da perna da frente provavelmente irão tocar o joelho da perna de trás. Mais uma vez, você não consegue se sentar de maneira ereta, com um bom alinhamento vertebral nessa posição, então deve afastar as pernas até sua flexibilidade aumentar. Alguns instrutores ensinam essa posição com os quadris no solo, de modo que o joelho que está à frente precisa se afastar levemente do chão. Outros professores insistem que o joelho da frente esteja no solo, portanto muitos dançarinos não permanecerão com o quadril oposto firmemente posicionado no chão. Dependendo do estilo de dança moderna e do exercício específico, o professor irá aconselhá-lo quanto ao que escolher, caso seu corpo não consiga posicionar no chão o joelho e o quadril oposto ao mesmo tempo. É sempre apropriado questionar isso ou fazer perguntas sobre o alinhamento, uma vez que sua dúvida pode ser a mesma de muitos dançarinos, e todos podem se beneficiar do esclarecimento.

Figura 4.19 Quarta posição no solo.

Direções de palco

Independentemente da forma do corpo em movimento, também é útil articular a orientação do corpo quanto ao espaço na sala ou no palco. Essas orientações chamam-se **direções de palco** (ver Fig. 4.20). As direções básicas de palco para a dança são as mesmas para o teatro. A frente do palco é a boca de cena, e a parte de trás, o fundo do palco. Os lados do palco baseiam-se na perspectiva do artista, portanto, se você estiver em pé no palco, de frente para uma plateia, o palco direito está à sua direita. Se estiver em pé no palco, em frente à plateia, o palco esquerdo está à sua esquerda. Quando o instrutor pede à classe que inicie a combinação no palco direito, significa que é no lado direito do estúdio de dança, quando você estiver de frente para o espelho.

Figura 4.20 Direções de palco.

Movimentos básicos

Assim como no caso das posições básicas, a dança moderna compartilha alguns movimentos básicos com outros gêneros de dança. Esses movimentos frequentemente possuem seus próprios nomes, característicos do estilo de dança moderna ensinado. Muitos movimentos básicos, no entanto, compartilham a mesma terminologia de suas contrapartes. O mais importante é ter uma compreensão básica dos movimentos aos quais esses termos se referem. Os movimentos são classificados em duas categorias preliminares: **não locomotores** ou estacionários, e **locomotores** ou que apresentam trajetória pelo espaço.

Movimentos não locomotores

Muitos dos movimentos não locomotores descritos neste capítulo têm sua origem no *ballet* clássico. Professores de dança moderna frequentemente possuem experiência em *ballet*, portanto não é raro esses termos serem empregados em uma aula técnica de dança moderna.

Plié

Plié é uma flexão dos joelhos que pode ser realizada a partir de qualquer posição. No entanto, ela é comumente praticada nas cinco posições tradicionais do *ballet* apresentadas anteriormente.

Demi-plié e grande plié

Quando seus joelhos se flexionam o mais profundamente possível, ao mesmo tempo que as costas são mantidas eretas e em bom alinhamento, trata-se de um **grande plié**. Se os joelhos estão somente parcialmente flexionados, com os calcanhares no solo, trata-se de um **demi-plié**. A única exceção a essa regra, no entanto, é a segunda posição *grande plié*. Nessa posição, os calcanhares permanecem no solo. O *demi-plié* e o *grande plié* na segunda posição são diferenciados por graus. O *demi-plié* e o *grande plié* na segunda posição são versões mais elevadas (*demi-plié*) ou mais profundas (*grande plié*) do mesmo movimento.

Battement tendu

Comumente resumido ao *tendu*, o **battement tendu** é um dos movimentos fundamentais de pé e perna. Essa ação ocorre quando você estica o pé a um ponto máximo, enquanto mantém o joelho reto e o pé em contato com o solo. Você pode estender o *tendu* em várias direções, a maioria ereta à sua frente, à sua lateral ou atrás de você. Em exercícios de aula, os *tendus* são comumente realizados em uma sequência de frente, lateral, atrás e lateral. Isso se refere a um movimento **en croix**, ou seja, em formato de cruz. Na dança moderna, *en croix* pode ser realizado em posições de pernas paralelas ou voltadas para fora.

A perna que está realizando o *tendu* é referida como perna executora. A perna na qual você se apoia é referida como perna de apoio. A perna que realiza o *tendu* pode estar paralela ou rotacionada para fora. Seu professor irá especificar qual utilizar.

Dégagé

Se você executasse um movimento *tendu* com um pouco mais de energia e permitisse que ele deixasse levemente o solo, teria um movimento chamado **dégagé**. O pé se liberta do solo para apontar, mas o joelho permanece ereto. Como o *tendu*, o dégagé é geralmente realizado *en croix* e pode ser executado em paralelo ou voltado para fora.

Grand battement

O movimento básico que inicia como um *tendu* ampliado para um *dégagé* e pode ser aumentado ainda mais até se tornar um *grand battement* ou simplesmente *battement*. Ele inicia com a extensão *tendu* do pé e joelho esticado, mas a perna é, em seguida, elevada até deixar o solo, além do *dégagé*. Um *battement* pode se estender em um ângulo reto ao corpo ou até mais alto, desde que a perna de apoio e o alinhamento das costas não sejam afetados. Esse movimento também é comumente realizado *en croix* e pode ser feito em paralelo ou voltado para fora.

Passé

Uma posição comum é elevar uma perna, tirando-a do solo por meio da flexão desse joelho e posicionando a ponta esticada da perna flexionada próxima ao joelho da outra perna ereta e fixa ao solo (Fig. 4.21). Essa posição chama-se *passé*.

Développé

O **développé** é semelhante a um *battement*, exceto pelo fato de que, em vez de manter o joelho estendido, você o desdobra. Mantenha sua perna em um *passé*, de modo que o dedo da ponta esticada se aproxime de seu joelho; depois, estenda essa perna para a frente, para a lateral ou para trás de si. Esse movimento pode ser realizado em paralelo ou voltado para fora.

Figura 4.21 Posição *passé*.

Relevé

O termo **relevé** ou, mais precisamente, *relevé* três quartos, refere-se ao equilíbrio sobre os cinco dedos dos pés e os metatarsos (bolas dos pés), com as pernas estendidas e os calcanhares afastados do solo. Você pode realizar esse equilíbrio em qualquer posição de pés, em um pé ao mesmo tempo que balança, ou quando realiza uma trajetória ou um giro.

Arco forçado

Uma posição e um movimento relacionado ao *relevé* único na dança moderna é o **arco forçado**. Trata-se da combinação de *relevé* e *plié*. Eleve-se sobre os pés, de modo que os calcanhares saiam do solo e você se equilibre nas bolas dos pés, em posição *relevé*. Agora, mantenha os calcanhares afastados do chão e dobre os joelhos. Seus pés e pernas agora estão em um arco forçado. Embora você possa considerá-lo uma posição, ele também é frequentemente utilizado como um movimento de transição do *relevé* para o *plié*.

▶ Movimentos semelhantes a arcos e sucessivos

Outra consideração é a maneira como os braços e as pernas chegam às suas posições. Na dança moderna, um membro possui dois trajetos básicos. Seu movimento é semelhante a um arco ou sucessivo.

Semelhante a arco significa que o membro se move como um componente da articulação do ombro (no caso do braço) ou do quadril (no caso da perna). Por exemplo, se você movimentar seu braço a partir da sua lateral até sobre a cabeça sem dobrar o cotovelo, mas balançando-o a partir da articulação do ombro, esse é um movimento semelhante a arco ou radial.

Se você abaixar o mesmo braço, dobrando o cotovelo e, depois, o punho, articulando cada articulação durante a trajetória, esse é um movimento **sucessivo.** Ambos são maneiras comuns de movimentar os braços ou pernas, portanto preste muita atenção não apenas à posição do membro, mas também à sua trajetória até essa posição.

Swing de braços

Em muitos estilos de dança moderna, os braços são utilizados de uma maneira fluida e oscilante. O braço pode iniciar sobre a cabeça e descer em movimento oscilatório até a frente ou parte posterior, ou pode começar na lateral do corpo e oscilar pelo corpo ou sobre a cabeça. Não importa qual seja a trajetória dos braços, a oscilação desses membros deve reagir à gravidade. Em vez de descer o braço com controle total, em um **swing de braço** você permite que ele caia com o peso. Isso faz com que o braço retome o sentido oposto do movimento (**rebound**) ou carregue algum impulso consigo.

Swing de pernas

Um **swing de perna** ocorre quando a perna é elevada e cai em resposta à gravidade; depois, ela reage em movimento ascendente. As combinações de *swing* de perna mais comuns envolvem o movimento do quadril, no alto, ou de uma posição com o joelho flexionado. A perna pode oscilar de trás até a frente, da frente para trás, ou de um lado a outro.

Swing do corpo

Assim como o *swing* de braços e de pernas, um **swing do corpo** reage à gravidade. Na maioria das vezes iniciada com os braços sobre a cabeça, solte a parte superior do corpo até que se curve sobre as pernas e oscile para trás, em movimento ascendente. Isso é frequentemente realizado com os joelhos flexionados, a fim de enfatizar os impulsos naturais para retornar a parte superior do corpo a uma posição ereta. As oscilações do corpo podem ser realizadas também de um lado a outro, com frequência combinadas com oscilações de braço e perna.

Curva e torção

O tronco é uma parte expressiva e ativa do movimento na dança moderna. Muitos dos exercícios de abertura em uma aula de dança moderna visam ao aprendizado de diversas maneiras de curvar a parte superior do corpo. Eles incluem não somente as curvas para a frente e para trás, como também para as laterais. Permitem que sua cabeça siga a linha da curvatura, de modo que o arco desta parta do alto da cabeça suavemente em direção aos quadris. Não é raro que a parte superior do corpo se curve em oposição ao posicionamento dos quadris, movimento conhecido como **torção.**

Inclinação

Quando o corpo se move para um lado sobre uma perna, sem que o tronco se curve, isso é conhecido como **inclinação.** Os ombros permanecem em alinhamento sobre os quadris, e toda a forma do corpo é transferida para um lado.

Queda e recuperação

Muitos movimentos na dança moderna exigem que o corpo deixe o solo e retorne em posição deitada ou sentada. Isso é conhecido como queda e recuperação. O padrão inverso também é usado com frequência, no qual você parte da posição em pé para a sentada, rolamento ou deita no chão e, depois, retorna a uma posição em pé. Há tantas maneiras de levantar e cair quanto professores de dança moderna! O movimento de queda e recuperação é uma parte comum do vocabulário de dança moderna, portanto, mencionado aqui como um movimento não locomotor básico, mas não se trata de um passo específico que você aprenderá. Essa combinação de movimentos é, às vezes, chamada de queda e recuperação.

Contração

A **contração** é puxar para dentro e contrair o centro do corpo. Alguns estilos da dança moderna contraem a parte inferior do tronco, próximo à pelve; outros, o centro do tronco, perto do estômago; e outros, mais acima, próximo ao peito. Quando seu professor o instruir a realizar contração, esteja atento ao local em que ele está articulando o movimento.

Relaxamonto

O **relaxamento** é o movimento oposto à contração. Significa relaxar a tensão a partir da contração e retornar a uma posição neutra.

Arco

Um **arco** é o oposto de uma contração, no qual a parte superior do corpo se inclina para trás, e não para a frente, que ocorre em resposta a uma contração. A linha do arco não deve encolher o pescoço nem os ombros, tampouco causar espasmos ao pescoço; deve haver uma linha contínua desde o peito até o alto da cabeça.

▶ Movimentos locomotores

Dançarinos modernos utilizam uma variedade de movimentos que realizam sua trajetória no espaço. Não seria possível listar todas as maneiras como você pode se movimentar pelo espaço como dançarino, mas a seguir são apresentados alguns dos movimentos de trajetória mais comuns adotados nas aulas de dança moderna.

Os sete **movimentos locomotores básicos** são caminhar, correr, saltar (*hop*), pular (*jump*), deslizar, galopar e salto alternado (*skip*). Embora caminhar e correr não necessitem de explicações, há distinções importantes entre os demais movimentos locomotores.

- **Saltar** (*hop*) é deixar o chão com um pé.
- **Pular** (*jump*) envolve deixar o solo com ambos os pés ao mesmo tempo.
- O **deslizamento** é o movimento lateral pelo espaço, com a alternância dos pés em abertos e fechados. Ambos os pés podem comandar um deslizamento.
- O **galope** também alterna pés abertos e fechados, mas se movimenta no espaço para a frente. Você também pode alternar o pé principal em um galope.
- O **salto alternado** (*skip*) é a combinação de um passo e um salto em apenas um pé.

Capítulo 4 · Princípios da dança moderna **69**

Além dessas formas básicas de se movimentar, você aprenderá uma variedade de maneiras mais complexas de realizar a trajetória pelo espaço. Algumas delas demandarão uma prática considerável e podem não ser aperfeiçoadas por iniciantes, mas é aí que está o prazer de estudar uma forma de arte! A dança moderna pode proporcionar a você interessantes desafios de movimento durante muito tempo.

Salto com joelhos altos

Salto com joelhos altos é uma **caminhada estilizada** no qual os pés são colocados à frente do corpo, em vez de diretamente sob as pernas. Essa ação necessita que os joelhos sejam levados um pouco mais para cima e para a frente do que você faria em uma caminhada normal. O salto com joelhos altos é, em geral, realizado em um ritmo mais rápido, de modo que se aproxima de um salto sobre apenas um dos pés.

Leap

Leap é aquele em que você transfere seu peso de um pé para o outro. O *leap* pode ser longo, curto, alto ou baixo. Existem muitas variações nas quais as pernas permanecem retas e outras em que uma das pernas é flexionada. O único elemento comum entre os *leaps* é a troca dos pés enquanto realiza a trajetória no espaço.

Chassé

Chassé é uma maneira de percorrer o solo pisando em um pé, levando o outro ao encontro do primeiro e, depois, estendendo novamente o pé original para fora. Seu primeiro passo inicia com o joelho flexionado, e seus pés devem se tocar no ar, no meio desse padrão passo-junto-passo.

Triplet

Triplet é uma série de três passos, em geral, com o padrão "embaixo – em cima – em cima". No passo embaixo, os joelhos estão flexionados, enquanto no passo em cima os joelhos estão retos, e o calcanhar, elevado.

Grapevine

O passo da **grapevine**, encontrado em muitas danças folclóricas, realiza sua trajetória lateral por meio da caminhada com um padrão em cruz, no qual os pés se alternam entre pisar à frente e atrás. Uma forma comum da *grapevine* inicia com o pisar em um pé sobre o outro na contagem de 1; o pisar ao lado na contagem de 2, com o segundo pé; pisar atrás, com o primeiro pé, na contagem de 3; e pisar com o segundo pé, na lateral, mais uma vez, na contagem de 4. Uma *grapevine* aberta é aquele passo em que o padrão inicia pisando-se lateralmente em vez de maneira cruzada.

▶ Giros

Você encontrará muitos giros em uma aula de dança moderna. Alguns realizam a trajetória no espaço, enquanto outros permanecem no lugar. Seu professor lhe dirá qual giro utilizar. Os tipos mais comuns de giros que você provavelmente encontrará são o *chaîne* e o *three-step turn*.

Chaîne

Um giro **chaîne** envolve realizar uma volta completa a cada dois passos. Você pisa com os pés alternados a cada vez. Esse giro pode ser realizado em sequência, de modo a ter diversas trajetórias em uma série.

Three-step turn

Um **three-step turn** inicia com um pé estendido. Você pisa sobre a bola do pé estendido, realizando um meio giro. O próximo passo é realizado com o outro pé, e o giro é completado à frente. Pise mais uma vez com o primeiro pé e dobre o joelho, de modo que o segundo pé se estenda. Agora você está pronto para repetir o giro para o outro lado.

Muitas posições e movimentos básicos fazem parte do vocabulário de dança moderna. Esses são blocos constituintes do uso do corpo como um instrumento expressivo e as chaves para participar plenamente de uma aula de dança moderna.

Resumo

As ideias articuladas por Rudolf von Laban, no início do século XX, para os modos como o corpo se movimenta de uma maneira expressiva são as bases da dança moderna. Este capítulo destaca tais princípios, os quais envolvem uma compreensão de espaço, tempo, peso e fluência. Com essas ideias como suporte, este capítulo também abrange os cinco princípios de movimento mais comuns encontrados na dança moderna: iniciação no centro, respiração, corpo integrado, preferência por fluência à forma e balanço de forças opostas. O capítulo finaliza com uma descrição das posições básicas e dos movimentos não locomotores e locomotores utilizados na dança moderna

5
Princípios da composição em dança

A dança moderna, como todas as formas de dança, não diz respeito apenas à produção e aperfeiçoamento de movimentos, mas também a criar danças. Os pioneiros da forma de arte criaram danças para se expressar como indivíduos e refletir mudanças na sociedade. Como resultado, muitos dos dançarinos que eles coreografaram ajudaram a mudar a cultura. Reagir à mudança no mundo e estar à frente de novas tendências é do que se trata a dança moderna. Isso significa que parte do aprendizado para ser dançarino moderno denota refletir sobre si e o mundo ao seu redor por meio do processo criativo. Encontrar sua própria vocação artística e coreográfica é uma parte importante da conexão com a dança moderna. Como os precursores da dança moderna, você é seu próprio guia para decidir sobre que danças quer criar e o que essas danças irão, enfim, refletir sobre você e a sociedade na qual você está criando arte. Este capítulo oferece algumas ferramentas básicas para realizar estudos e danças modernas. **Estudo** é uma prática de dança coreografada com o objetivo de aprender a criar. Trata-se de um experimento em coreografia que pode, mais tarde, ser modificado para uma dança que é executada – ou poderia ser apenas uma ferramenta de aprendizado. O conteúdo ou as ideias por trás dessas danças ficam a seu critério. Encontrar sua própria voz como artista é uma parte essencial da jornada da dança moderna, e a criação de danças é uma etapa importante rumo a esse objetivo.

Você sabia?

A palavra *coreógrafo* se origina do grego e significa "escritor gráfico". Durante o século XVIII, o termo *coreógrafo* caiu em uso e substituiu termos anteriores, como *supervisor de dança* ou *arranjador*, para designar pessoas que criavam danças.

Os passos, técnicas e movimentos da dança moderna foram desenvolvidos de modo que os coreógrafos pudessem criar obras de arte por meio de vocabulário e estilo particulares de movimento. Tais movimentos são estruturados em danças por meio de uma variedade de métodos de direção. Embora dois coreógrafos não utilizem exatamente os mesmos métodos, há alguns elementos gerais do processo criativo que lhe ajudarão a compreender como criar e assistir à dança moderna. O processo criativo não é uma maneira predeterminada de criar arte. O **processo criativo** é uma exploração na qual você tenta trazer à tona uma solução única para um problema complexo.

Alunos de dança moderna interagem com a composição de dança de três maneiras: podem executar uma peça de coreografia, criar uma dança ou assistir a uma dança moderna. Muitas aulas de dança moderna culminam em uma *performance* informal em que o instrutor pode atuar como coreógrafo da dança ou os próprios integrantes da sala podem contribuir com movimentos e ideias para a dança. Se você tiver essa oportunidade, terá a chance de aprender sobre o processo criativo na dança de dentro para fora. Este capítulo aborda as partes do processo coreográfico na dança moderna, por meio da observação da variedade estética nessa forma de arte e da investigação das maneiras de criar e manipular o movimento; além disso, analisa as estruturas comuns da dança. Mais informações sobre assistir à dança moderna são abordadas no Capítulo 6.

Processo criativo em dança

O premiado coreógrafo de dança moderna Bill T. Jones definiu dança como "ação e forma delineadas no espaço e no tempo para expressar sentimentos e ideias" (Jones & Kuklin, 1998, p. 32). Coreografia é o processo de delineamento dessa forma e ação do corpo. O movimento em uma dança, bem como sua estrutura ou forma, são criados com uma intenção específica na coreografia; isso significa que a dança é criada para produzir determinado efeito visual, emocional ou narrativo. Diferentemente das combinações de movimento que você aprendeu em uma aula técnica de dança, as quais são criadas para ajudá-lo a obter ou rever habilidades físicas específicas, o movimento na coreografia é criado mais para o modo como ele será assistido ou como ele se enquadra na ideia de uma dança. O processo de criar danças – a exemplo de todas as ações criativas – é, de fato, um ciclo contínuo de atividades, que envolve criar, avaliar e revisar.

Embora cada artista seja único em suas estratégias específicas, o coreógrafo geralmente inicia o processo coreográfico com a invenção do movimento ou alguma espécie de exploração acerca de uma ideia. Na dança moderna, isso inclui, em geral, a absorção dos dançarinos na coreografia. Maneiras de criar movimentos para si ou com outros dançarinos serão abordadas com mais detalhes posteriormente neste capítulo, mas o início essencial do processo é a tradução de ideias em movimento.

A segunda fase do ciclo criativo é a avaliação. É quando o coreógrafo decide se a dança está seguindo as ideias ou princípios estéticos que constituem a base da dança. Essa não é necessariamente uma fase distinta do processo, mas acontece de maneira contínua à medida que o coreógrafo assiste aos dançarinos executarem os movimentos da dança. Alguns coreógrafos utilizam um vídeo da dança, que é assistido após o ensaio para auxiliar em sua avaliação. Outros pedem a dançarinos ou coreógrafos convidados para atuarem como um olhar externo na decisão de como a dança deveria ser modificada ou adaptada para se tornar mais eficaz. Desenvolver seu olhar para avaliar a dança é uma habilidade importante para qualquer dançarino ou coreógrafo.

A terceira fase da coreografia é a revisão da dança. Isso poderia envolver a mudança de movimento, estruturas da dança, uso do espaço ou quaisquer outros elementos da dança discutidos no Capítulo 4. Assim como a avaliação, essa não é necessariamente uma atividade isolada, mas poderia ocorrer de maneira contínua durante todo o processo. Diversas alterações e adaptações acontecerão à medida que o movimento é criado, assim como após a dança estar quase completa. Alguns coreógrafos fazem mudanças simples na dança e então realizam alterações maiores na estrutura posteriormente; outros coreógrafos fazem mudanças durante o processo e apenas pequenas ao final. Isso ocorre porque a criação de danças é, de fato, uma série repetitiva de criação, avaliação e revisão. Esse ciclo pode ocorrer muitas vezes enquanto a dança é realizada. Cada artista repete essas etapas da sua maneira, até que a dança reflita as ideias e os valores do coreógrafo.

Princípios estéticos

Estética significa beleza, enquanto preferências estéticas referem-se ao que é considerado bonito no contexto da dança moderna. Visto que a dança moderna não é um estilo de dança, e sim um termo amplo que abrange vários estilos diferentes de formas de dança relacionadas, não há uma definição de beleza na dança moderna. Uma dança bonita pode ser significativa, embora não necessariamente agradável ou divertida de assistir. Alguns elementos são comuns entre todas as formas de dança; esses são os cinco elementos estéticos de unidade, equilíbrio, variedade, repetição e contraste, bem como símbolos abstratos e narrativos. Tais ideias são importantes na aula técnica e também moldam a coreografia da dança moderna.

Aulas de dança moderna, em geral, incluem a chance de aprender coreografia.

Os cinco elementos que contribuem com a beleza de uma coreografia são referidos como **princípios estéticos**. Os princípios estéticos são as ideias fundamentais de beleza ou satisfação sensorial que as pessoas obtêm em relação a um objeto ou uma obra de arte; são maneiras de avaliar o sucesso de uma coreografia. Tenha em mente que o que constitui a beleza é muito diferente de dança para dança e de artista para artista. Se a dança é sobre um assunto desafiador ou conflituoso, pode não ser agradável de assistir, mas ainda poderá ser esteticamente bem-sucedida. Os cinco princípios estéticos de dança abordados a seguir estão presentes, em certo grau, em todas as partes da coreografia. Como um coreógrafo escolhe utilizá-los varia de dança para dança.

Unidade

Unidade é a ideia de coerência ou consistência em um trabalho. Uma dança que possui muita unidade, por exemplo, pode ser a que apresenta um tema transmitido durante todo o trabalho. Unidade também pode se referir à ideia de que todos os componentes da dança estejam conectados ao espectador. Os quatro elementos estéticos a seguir contribuem com a unidade da dança.

Equilíbrio

Equilíbrio refere-se, em geral, a um tratamento igual ou lógico de repouso e ação em um trabalho. Um trabalho equilibrado possui momentos intensos que contrastam com momentos mais serenos. O equilíbrio de elementos fornece à plateia uma chance de absorver tanto a intensidade como a tranquilidade da dança. Equilíbrio também se refere ao uso do espaço na dança. A simetria não é exigida em um trabalho equilibrado, mas o coreógrafo deve demonstrar uma consciência do uso do espaço de uma maneira satisfatória e significativa.

Variedade

Variedade significa utilizar muitos tipos de movimentos e formas na dança. Uma dança com variedade faz uso não somente de diferentes passos, mas também de uma quantidade de adornos para os dançarinos, variedade no número de dançarinos no palco ao mesmo tempo, variação no ritmo (velocidade na dança), diversas alterações na estrutura e intensidades diferentes na energia da execução.

Repetição

Repetir frases de movimento, formações na dança ou outro elemento coreográfico faz parte da construção de toda dança. A **repetição** pode tornar a dança mais coesa e ajudar a plateia no reconhecimento de partes importantes da dança. O coreógrafo deve ser habilidoso ao usar a repetição, de modo que a dança equilibre materiais conhecidos e novos; essa é a contraparte da variedade. Ambas são necessárias para uma dança moderna bem-sucedida.

Contraste

Contraste se refere aos momentos em que o coreógrafo faz um movimento se destacar, pelo fato de ser muito diferente, de alguma maneira, do resto da dança, ou pela justaposição de dois movimentos diferentes, um contra o outro. Esses destaques podem acrescentar muita exaltação e significado a um trabalho e evitar que se torne muito previsível para a plateia.

Criação de significados

Cada forma de dança possui sua própria maneira de construir significados. Os princípios estéticos apresentados anteriormente – unidade, equilíbrio, variedade, repetição e contraste – levam à beleza. Uma dança poderosa e significativa pode não ser bela no sentido tradicional, mas sua própria habilidade de fazê-

> ### Atividade
>
> **Conheça sua musa da dança moderna**
>
> Fique em pé, no centro de um espaço, e visualize uma dançarina dançando com clareza e confiança à sua frente. Siga essa dançarina e execute seu movimento.

-lo pensar e sentir é um elemento da beleza. A estética da dança moderna varia muito de estilo para estilo dentro do gênero. Para alguns estilos, a dança esteticamente bem-sucedida é aquela que é bela em sua forma e execução. Para outros estilos, a dança verdadeiramente bem-sucedida será a que retrate uma emoção poderosa ou transmita uma ideia clara para a plateia. Para muitos dançarinos, é a interação de vários elementos estéticos que torna um trabalho poderoso ou bem-sucedido. O Capítulo 8 explica com mais detalhes a estética particular de cinco dos principais estilos de dança moderna: Graham, Humphrey-Limón, Cunningham, Horton e Dunham. Essas preferências lhe ajudarão ainda mais a interpretar e avaliar a dança moderna quando observar sua execução – uma atividade que irá praticar no Capítulo 6. Cumprir as exigências estéticas específicas de cada estilo demorará algum tempo para se realizar, à medida que você e seu professor identificam melhor o estilo ou a combinação de estilos da dança moderna que você está aprendendo.

Técnicas coreográficas

O início do processo coreográfico é o desenvolvimento de uma ideia de movimento. Para dançarinos, as ideias podem vir de qualquer lugar. Algo que acontece em sua vida, um livro que você leu, uma pintura, um gesto ou movimento interessante – as possibilidades são infinitas. Coreógrafos utilizam muitas técnicas para criar e refinar movimentos, de modo que estes expressem melhor as ideias que os coreógrafos desejam explorar ou comunicar. A maioria dessas técnicas começa com improvisação e prossegue com o desenvolvimento do *motif*.

Improvisação

Improvisação é a criação espontânea de movimento. Isso significa que você está criando os movimentos ao mesmo tempo que os executa. Quando você ouve uma música de que gosta e começa a se movimentar, está improvisando. Brincar, soltar-se, agir por impulso, ouvir e confiar em si fazem parte do processo de improvisação. É muito comum que a improvisação na dança seja estruturada em torno de uma tarefa de movimento ou uma ideia. Por exemplo, deve ser solicitado a você improvisar algumas vezes durante a combinação, ao final da aula, com as orientações de se movimentar próximo ao solo ou em uma trajetória circular. Essa mesma ideia de estruturar exercícios de improvisação pode ser utilizada como uma maneira de criar movimentos a serem adotados na coreografia. Alguns coreógrafos improvisam movimentos sozinhos e, depois, ensinam aos dançarinos; outros improvisam com seus dançarinos durante o ensaio. O movimento criado por você durante o processo de ensaio pode ser moldado e utilizado na própria coreografia para enfatizar a individualidade e os talentos específicos dos executores. Algumas estruturas de improvisação comuns são sugeridas na próxima seção para ajudá-lo em suas investigações, mas isso não é, de forma alguma, uma lista abrangente. Seu professor terá muitas outras estratégias para ajudá-lo a desenvolver ideias de movimento.

Movimentação a partir de imagens visuais

Fotos, pinturas, esculturas e vídeos podem inspirar a criação de movimentos. Escolha uma imagem que reflita em você ou na ideia sobre a qual você quer desenvolver a dança. Se existir um padrão espacial evidente na arte visual selecionada, comece a se movimentar no espaço com o mesmo padrão. Permita-se muitas repetições do padrão e observe como o movimento se modifica naturalmente ou se adapta enquanto você se move. Talvez haja uma figura ou objeto central na imagem. Incorpore o formato dessa figura ou objeto. Permita-se responder à posição em que seu corpo se encontra. Desenvolva a posição, movimente uma parte do corpo ou tente a posição em pé, sentado, deitado no chão ou percorrendo o espaço. Faça uma lista de emoções que a arte invoca em você. Passe por cada um desses estágios emocionais usando os padrões ou formas que você encontrou na obra de arte.

Movimentação a partir de palavras

A linguagem pode ser uma força poderosa na motivação para a dança. Você pode trabalhar a partir de uma lista de palavras – talvez algumas que sugiram ação, por exemplo, uma lista de verbos no gerúndio ou um texto, como um poema ou um monólogo. Ouça a linguagem enquanto lê o texto em voz alta. Se ele possuir um ritmo, comece a se movimentar com o ritmo das palavras. Tente transferir esse ritmo a apenas uma parte do seu corpo, como as pernas. Leve o ritmo para seus braços ou quadris, ao mesmo tempo que continua a improvisação. Faça uma lista das imagens do texto. Deixe essas imagens conduzirem seus movimentos da mesma forma que você fez com as imagens de artes visuais. Encontre as palavras mais significativas no texto. Descreva as qualidades que essas palavras têm para você, em relação a movimento; quer dizer, essas palavras sugerem movimentação brusca, lenta ou próxima ao solo? Utilize essas características ou orientações para criar movimentos.

Tarefas

A improvisação também pode se basear em uma tarefa ou obrigação específica. Por exemplo, movimente-se de um canto do espaço até o canto oposto, iniciando embaixo e terminando o mais afastado do chão que conseguir. Ou, então, se movimente em um

---

Atividade

Improvisação

Em voz alta, diga seu nome completo e bata palmas a cada sílaba. Agora, movimente apenas os braços nesse ritmo. Em seguida, mova somente as pernas com o mesmo padrão de batida. Movimente todo o seu corpo nesse ritmo. Mova-se pelo espaço, nesse padrão rítmico. Você está improvisando! Entre os movimentos que você acabou de criar, verifique se há algum que gostaria de repetir e ensine-o a mais alguém.

padrão circular no espaço, mas inicie os movimentos apenas com o pé esquerdo. Talvez escolha uma parte do corpo a partir da qual inicie a trajetória no espaço. Se desejar mudar a direção, você deve começar com uma parte do corpo diferente. Uma tarefa de improvisação comum exige que os dançarinos se movimentem em um padrão de grade no solo, realizando apenas giros de 90° no espaço. Qualquer tarefa como essa pode levá-lo a se movimentar de maneiras diferentes, que você nunca experimentou antes, e ajudá-lo a desenvolver ideias de movimento.

Sensações

As pessoas experimentam a vida por meio dos cinco sentidos: visão, audição, paladar, tato e olfato. Escolha um desses sentidos como uma motivação para o improviso. Coma um pouco de chocolate ao leite. Reaja a essa sensação com um movimento. Agora, coma um pedaço de chocolate amargo. Observe se seu corpo reage movimentando-se da mesma forma. Cheire perfume borrifado no ar. Deixe isso inspirar seu movimento. Sinta um cubo de gelo e reaja ao frio utilizando seu tronco. Experiências sensoriais são ricas, com a possibilidade de reação corporal.

Reação a outra pessoa

A improvisação não precisa ser realizada por uma pessoa só. Na verdade, é muito mais frequentemente uma atividade em grupo. Você pode responder ao movimento de outros que estiverem no espaço; pode, por exemplo, alternar a movimentação com outro dançarino, como se estivesse dialogando com ele. Exatamente como uma conversa por meio de palavras, sua resposta de movimento é moldada pela forma como seu parceiro se movimenta. Se ele se movimenta em sua direção, você pode responder se aproximando ainda mais ou se afastando. Você pode aprender um movimento com outro dançarino e alterá-lo, adicionando ou excluindo algo. Você pode esculpir a forma do corpo de outro dançarino e se movimentar nos espaços negativos criados pela posição de seu parceiro.

Há muitos modos de improvisar movimentos, assim como há ideias para danças. O que quer que o estimule a realizar movimentos que combinam com sua dança é um ponto de partida apropriado. Quanto mais tempo você dedicar a movimentar-se sem se julgar, mais original seu movimento tenderá a ser. A improvisação deveria ser como uma brincadeira na qual seu corpo cede ao processo criativo.

Motif e desenvolvimento de frases

O material de movimento criado durante a improvisação, após algum refinamento, é frequentemente referido como um ***motif***. Esse termo significa uma pequena parte do movimento que expressa uma ideia central ou um tema da dança. Uma vez que o coreógrafo tenha um ou diversos *motifs* para uma dança, ele o desenvolve em um material de frase. O *motif* é uma ideia de movimento, enquanto uma **frase de movimento** é uma sentença de dança ou um agrupamento de movimentos significativos. Em geral, o desenvolvimento dos *motifs* e das frases de movimento ajuda a dança a se tornar mais coerente ou mais alinhada com a estética observada com mais frequência na dança moderna. As técnicas para o *motif* e desenvolvimento da frase apresentadas a seguir lhe ajudarão a criar materiais que demonstrem os princípios de variedade, repetição e con-

Dança moderna – Fundamentos e técnicas

traste em sua coreografia. Essas técnicas não são abrangentes; são apenas métodos comuns que você pode considerar úteis em sua jornada criativa. Muitos deles são semelhantes à maneira como os músicos desenvolvem frases musicais.

Repetição

Exatamente como o nome diz, **repetição** significa repetir todas ou partes de uma frase de movimento ou *motif*. Essa pode ser uma ferramenta muito útil, em particular se dançarinos diferentes repetirem partes diversas do *motif* ou da frase de movimento. Um senso de variedade e unidade pode ser obtido com essa técnica. Quando você assistir ao trabalho de coreógrafos famosos, procure quais partes da dança são repetidas. Isso é, em geral, uma dica para localizar os *motifs* de movimento mais significativos em uma coreografia.

Variações

A técnica de **variação** significa elaborar uma frase por meio de mudanças em aspectos do movimento – o que, em geral, significa enfatizar ou destacar determinadas partes da frase. Isso pode ser realizado de diversas maneiras: acrescentando uma pausa ou quietude à combinação, realizando os mesmos movimentos com a dinâmica mais brusca ou suave, adicionando um giro ou um rolamento no chão. Algumas das técnicas a seguir poderiam ser utilizadas como maneiras de ornamentar um *motif* de movimento.

Expansão e diminuição

Expansão significa adicionar algo a uma frase de movimento; **diminuição** significa reduzir uma frase. *Motifs* de movimento podem ser acrescidos ou ampliados, com novos movimentos ou repetição. Frases de dança podem ser reduzidas ao excluir elementos ou realizar apenas partes do movimento.

Entrelaçamento

Entrelaçamento refere-se à inserção de materiais diferentes ou novos a *motifs* de movimento existentes. Poderia ser o material que o executor, de maneira individual, cria e insere no movimento, ou algo que o coreógrafo escolhe acrescentar, oriundo de outra fonte.

> ### Atividade
>
> **Desenvolvimento de frases**
>
> Inicie com 16 movimentos que você conhece bem. Ensine-os a dois dançarinos. Faça dois dançarinos os executarem para você, ambos voltados para a frente. Agora faça os dançarinos executarem a frase de dança com um dançarino voltado para trás e outro para a frente. Como isso muda o efeito da dança para você? Tente isso novamente, com os dançarinos voltados para duas direções diferentes à sua escolha. O que essa variedade acrescenta ao movimento?

Mudança de frente

Frente refere-se a como a dança é orientada quanto ao espaço. Embora dançarinos, em geral, aprendam frases de dança enquanto estão voltados para o espelho ou para a parte frontal da sala, você pode realizar movimentos voltado para qualquer direção. Você pode mudar todo o *motif* de movimento de modo a estar voltado para trás, lados ou cantos do palco. Você observará com frequência que danças criadas por coreógrafos de dança moderna possuem dançarinos realizando o mesmo movimento simultaneamente, porém com o rosto voltado para direções diferentes, a fim de engrandecer a variedade na coreografia.

Mudança de nível

O nível do movimento – ou quão afastado ou próximo ele está do chão – pode mudar de maneira dramática a aparência de uma frase de movimento. Adaptar o movimento a fim de que alguns dançarinos o realizem em pé, enquanto outros o façam sentados no chão, alteraria radicalmente a aparência de um *motif* de movimento.

Mudança de tempo

O tempo do movimento ou velocidade na qual ele é executado pode variar dentro de uma frase de dança. Realizar algumas partes da frase de maneira mais lenta, enquanto outras são executadas mais rapidamente enfatiza algum elemento do *motif* ou um movimento específico dentro dele. A mesma combinação de movimento poderia ser executada de maneira rápida por alguns dançarinos e lentamente por outros, ou em ritmos diferentes em pontos diversos da dança.

Mudança de parte do corpo

Da mesma forma que os compositores podem alterar o som de uma frase de música ao modificar o instrumento que o executa (por exemplo, a mesma melodia tocada em uma tuba e um violino soaria muito diferente), um coreógrafo pode mudar qual parte do corpo realiza um movimento. Um *motif* de movimento em que os braços são estendidos de modo alternado sobre a cabeça seria alterado imensamente caso esse mesmo movimento fosse realizado com as pernas chutando para o alto e de maneira alternada, enquanto o dançarino está deitado no chão. Um pequeno gesto de bater as mãos poderia ser realizado com os cotovelos ou antebraços para aumentar a variedade na coreografia.

Estruturas coreográficas

Estrutura coreográfica refere-se à arquitetura da dança. Essa é a estrutura geral para criar a dança que organiza os *motifs* e as frases desenvolvidas por você. As decisões

Uma dança mais longa geralmente inclui o trabalho em grupos menores.

que cada coreógrafo deve tomar em relação ao número de dançarinos em um trabalho, seja a ideia central contar uma história ou concentrar-se em imagens abstratas, seja a dança executada da mesma maneira todas as vezes ou, ainda, se incluirá elementos de improvisação ou aleatórios, tudo é inserido nessa categoria. Às vezes, coreógrafos decidem a estrutura de dança antes de desenvolver qualquer material de movimento; em outras, os coreógrafos brincam com a ação de desenvolver movimentos e, depois, criam uma estrutura que se encaixa melhor nas ideias de movimento a serem trabalhadas.

Solo, dueto ou grupo

Uma das principais decisões estruturais que você precisará tomar em relação a qualquer dança que estiver criando é a quantidade de dançarinos na peça. Qualquer ideia pode ser explorada por meio de qualquer formato, mas danças que resultam de estruturas solo são muito diferentes daquelas resultantes de danças em grupos grandes. Os princípios do desenvolvimento de *motifs* são os mesmos, porém outros elementos coreográficos – em particular referentes ao uso do **uníssono** (todos se movimentam juntos, realizando a mesma ação simultaneamente) e do **contraponto** (dançarinos no palco realizando ações diferentes ao mesmo tempo) – vêm à tona com a coreografia em grupo e até em grupos tão pequenos quanto um dueto. Lembre-se também de que um solo, um dueto, trio ou quarteto podem ser uma parte de um grupo de dança maior, o que possibilita ao coreógrafo utilizar mais de uma estrutura em uma dança.

Uso de símbolos narrativos e abstratos

Pelo fato de a dança moderna ser um termo mais geral para diversos estilos de coreografia, o gênero compreende o uso de símbolos narrativos e abstratos para se expressar. O uso narrativo de símbolos ocorre quando o coreógrafo tenta contar uma história ou cria personagens teatrais na dança. O uso abstrato de símbolos ocorre quando as metáforas na dança não se conectam a uma história, mas podem se basear na criação de uma atmosfera, enredo ou outros meios menos diretos de se comunicar com a plateia. Alguns coreógrafos preferem uma forma de criar danças a outras; outros utilizam ambos os métodos simbólicos. Os coreógrafos podem utilizar uma abordagem sintetizada, às vezes chamada de narrativa abstrata, na qual não há caracterização específica desenvolvida nos dançarinos, mas uma narrativa indefinida é aparente na coreografia. A dança moderna é aberta a muitas formas de criar significados por meio da coreografia.

Símbolos narrativos

Muitas danças modernas têm histórias para contar. Diversas danças da pioneira Martha Graham são recontagens de mitos clássicos, como a história de Édipo Rei, destacada em *Viagem noturna* (1947) e *Clytemnestra* (1958). Em uma dança moderna narrativa, os dançarinos são retratados como personagens específicas, e as ideias por trás da dança são reveladas à medida que os dançarinos interagem e expressam o estado de espírito de cada personagem. Muitas vezes, esses tipos de danças modernas terão cenários e fantasias que ajudam a comunicar o período da história e as identidades das personagens dos dançarinos. Embora os movimentos dos dançarinos em uma dança moderna narrativa pareçam diferentes daqueles de um bailarino em um *ballet* clássico, a ideia de contar uma história utilizando o corpo é a mesma. A narração de uma história na dança moderna, no entanto, não tem que ser um enredo evidente e óbvio. Em algumas narrativas ou, mais especificamente, narrativas abstratas, a história da dança é aberta à interpretação.

Símbolos abstratos

Moderno, na expressão *dança moderna,* não significa novo ou contemporâneo. Nesse contexto, moderno reflete o movimento modernista na arte, do início do século XX. Assim batizado por ser novo na época, esse movimento explorou o uso da criação de símbolos abstratos na arte. A dança moderna se manteve fiel a essa característica. Muito da forma de arte utiliza o corpo como um instrumento abstrato de expressão, em vez de uma personagem teatral para o enredo. Isso significa que, embora a dança narrativa utilize o corpo como uma personagem dramática humana, a dança abstrata faz uso do corpo mais como uma forma no espaço. A partir dessa perspectiva, o corpo ou os corpos múltiplos na dança moderna são considerados padrões constituídos das formas corporais e dos espaços ao redor do corpo. A estética dos movimentos em uma dança moderna abstrata baseia-se na criação de formas significativas positivas e negativas por meio do corpo no espaço e da composição efetiva dos espaços no palco. Curve a parte mediana de seu corpo para trás, de modo a formar um C, e dobre os braços à frente, como se estivesse segurando algo grande e redondo. A dança moderna diz respeito não somente à forma em C de seu corpo, mas também à bola (ou esfera) de espaço vazio que é esculpida no ar, à sua frente. A bola é o espaço negativo criado por seu corpo, enquanto a forma em C de seu corpo é o espaço positivo.

Quando o corpo é observado de maneira abstrata na dança moderna, não significa que não esteja transmitindo sentidos ou emoções e que seja simplesmente uma forma interessante. Ao contrário, danças modernas abstratas frequentemente se preocupam com questões da humanidade e da existência humana. Um coreógrafo de dança moderna desejoso por expressar o estresse da vida moderna por meio da dança poderia fazer com que os dançarinos retratassem uma série de personagens cujas interações são imitação de um estilo de vida agitado. Esse é um exemplo de criação de símbolos narrativos. Igualmente válido na dança moderna é encher o palco de dançarinos que se movimentam de modo frenético em todas as direções, com ações triviais irreconhecíveis como um símbolo de nossa vida moderna ocupada e desconexa. Essa é uma comunicação abstrata do mesmo tema.

Criar significados simbólicos não significa que os símbolos na dança moderna sejam universais. Não há um significado fixo associado a qualquer movimento específico do corpo. Em uma coreografia, o salto pode significar alegria; em outra, desespero; e simplesmente o uso de energia, em uma terceira. O modo como você interpreta os símbolos ou as imagens observados na dança depende do contexto da dança e de suas próprias experiências de vida e de assistir a dança. Dois membros da plateia não obtêm exatamente o mesmo significado de uma coreografia moderna, e isso é considerado normal e frequentemente desejado na dança moderna.

Colagem

Muitas danças modernas são criadas de maneira bastante semelhante à que os artistas visuais criam colagens. Na arte visual, uma colagem é um conjunto de meios misturados, em geral com a inclusão de objetos encontrados. Na dança, uma peça de coreografia pode ser criada de modo similar. Material sortido dos próprios dançarinos ou de outras fontes é reunido pelo coreógrafo para criar uma dança coesa. Uma dessas fontes ou elementos encontrados poderia ser a improvisação. Às vezes, o coreógrafo irá estruturar uma parte da dança de modo que os dançarinos possam tomar decisões sobre as escolhas de movimento durante a execução. Isso pode ser um acréscimo ao foco dos executores e ao vigor da *performance*.

Aleatoriedade

Merce Cunningham, dançarino e coreógrafo moderno, era famoso pelo uso de combinações aleatórias em sua coreografia. Para não confundir com improvisação, a aleatoriedade é uma maneira de estruturar o material de movimento. Por exemplo, um coreógrafo poderia criar oito frases de movimento, cada uma delas identificada por um número que os dançarinos assimilam por completo. O coreógrafo então escreveria os números de 1 a 8 em tiras de papel, os colocaria em um chapéu e os

> ### Atividade
>
> **Combinações aleatórias**
>
> Una-se a um colega. Cada um cria oito movimentos. Ensinem sua frase um ao outro. Agora, jogue um dado. O número no qual cair será a quantidade de vezes que você executa sua frase na dança. Jogue o dado novamente. Esse número será a quantidade de vezes que você executará a frase de oito movimentos criada por seu parceiro. Observe como o jogo de dados aleatório afeta seu estudo em dança.

sortearia um por um. Dessa forma, a dança consistiria da execução das frases de movimento na ordem em que foram retiradas do chapéu. Isso poderia ser realizado uma vez; em seguida, a dança seria organizada. Ou então isso poderia ser realizado todas as noites antes da apresentação. Muitas variáveis em uma dança podem ser decididas por acaso, se este for seu método, desde a ordem das frases de movimento até o número de dançarinos se apresentando ou a direção para a qual eles ficarão voltados durante a apresentação. O movimento, em si, é estabelecido, e não improvisado, mas as forças do acaso afetarão a aparência e a estrutura da coreografia como um todo.

Formas coreográficas

Após definir a estrutura geral da dança, você pode utilizar determinadas formas comuns para desenvolver a dança em si. Forma também é a maneira como *motifs* e frases desenvolvidos por você se encaixam para criar a estrutura geral da dança. Ela poderia ser a mesma que a da música, porém, muitas vezes na dança moderna, a forma da dança e a da música são diferentes. As primeiras três formas explicadas aqui (AB ou ABA, rondó, e tema e variações) são oriundas do vocabulário de música, mas servem como um guia para diversas possibilidades de estruturação de sua coreografia; elas não precisam se basear na música utilizada por você, caso esteja usando uma.

AB ou ABA

Essa forma significa que há duas partes na dança, A e B, uma diferente da outra. Essas partes distintas são, em geral, relacionadas de alguma maneira, como uma parte nascer do sol e uma parte pôr do sol. A dança é constituída de duas partes, ou a primeira delas é repetida novamente ao final da dança, na **forma ABA**. Esse é um formato muito comum.

Rondó

A forma **rondó** é comum na música popular e vagamente parecida com uma estrutura verso e refrão. Uma frase ou uma parte A pequena é repetida entre as novas partes B, C, D e assim por diante. A forma rondó tradicional possui, pelo menos, três versos e termina com a conhecida parte A, formando a estrutura ABACADA. Isso poderia ser ampliado o quanto desejasse o coreógrafo.

> ### Atividade
>
> #### Forma ABA
>
> Una-se a um colega. Cada um cria uma frase com 16 movimentos. Ensinem suas frases um ao outro. Execute sua frase primeiramente; depois, a do seu parceiro; e, em seguida, a sua mais uma vez. Vocês criaram um pequeno estudo sobre a forma ABA.

Tema e variações

Como o título sugere, em **tema e variações**, o coreógrafo desenvolve uma frase temática ou material de movimento. A coreografia evolui com a alteração ou variação da frase original. Isso acontece, em geral, diversas vezes no decorrer da dança, de modo que a forma se pareça com A, A1, A2, A3, A4 e assim por diante. Os modelos coreográficos relacionados ao desenvolvimento do *motif* poderiam ser um guia para aumentar essas variações.

Formas naturais

Dependendo da ideia por trás da sua dança, a forma da coreografia pode seguir um padrão encontrado na natureza, como oposto a uma estrutura externa semelhante àquelas listadas anteriormente. As configurações comuns das **formas naturais** incluem seguir as quatro estações climáticas, percorrer um ciclo de vida desde a juventude até a senilidade ou outras progressões naturais da vida.

A forma de sua dança é mais um elemento que sustentará sua comunicação por meio do movimento. Certifique-se de experimentar diversas formas, de modo que a estrutura global de sua dança constitua uma afirmação efetiva e desenvolva os movimentos e *motifs* criados por você.

Resumo

Criar danças, em geral, faz parte do aprendizado de dança moderna. Embora cada artista tenha seu processo criativo único, a maioria envolve criação, avaliação e revisão. Para a maior parte das formas de dança moderna, esse processo será conduzido por cinco princípios estéticos: unidade, equilíbrio, variedade, repetição e contraste. A fim de coreografar danças com base nesses princípios para criar significados, você pode adotar uma variedade de técnicas. Muitas delas iniciam com improvisação para criar *motifs* de movimento. Esses *motifs* ou frases podem ser desenvolvidos com o uso de uma variedade de métodos, como repetição; variação; e mudança de frente, ritmo ou parte do corpo. Uma vez que o material de movimento tenha sido desenvolvido ou à medida que o material é criado, você, como coreógrafo, pode decidir sobre uma estrutura geral para a dança, determinando quantos dançarinos irão executá-la, quão abstrata ou narrativa a coreografia pode ser e se incluirá algum material aleatório ou de movimento extraído de fontes que não são suas. Dentro da ampla arquitetura da dança, você usará uma das muitas formas coreográficas, as quais ajudarão a estruturar o movimento. Essas formas podem se basear em formas musicais ou linguísticas, como ABA, rondó, e tema e variação, bem como em outras formas naturais, como o transcurso do tempo. O processo coreográfico na dança moderna pode ser um meio para encontrar sua vocação artística, aprimorar sua experiência com a forma de arte e apoiar suas experiências na aula técnica.

Performance e expectativas na dança moderna

6

Muitos dançarinos fazem aulas de dança porque é divertido e desafiador. Frequentar aulas técnicas é uma atividade gratificante por si só, mas diversos dançarinos também fazem aulas na esperança de executar dança moderna. Você pode ter a chance de fazer isso durante ou ao final do semestre, em uma apresentação informal no estúdio de dança ou em testes de desempenho, como parte de sua aula técnica. Você também pode ter a chance de participar de uma apresentação mais formal em um teatro, uma vez que diversas escolas de nível médio e faculdades têm companhias de dança compostas por alunos que realizam dança moderna. Torne-se você ou não um artista, muitas aulas de dança exigem que você assista a uma apresentação de uma companhia profissional de dança moderna de uma faculdade ou universidade, em um teatro. As conexões entre aprender a técnica no estúdio de dança e assistir a uma apresentação em um teatro são importantes. Como você já aprendeu, a técnica de dança moderna foi desenvolvida a fim de treinar dançarinos para apresentações, assim como tirar proveito das recompensas da participação em aula.

Este capítulo contempla como você pode se preparar para testes de desempenho em sala de aula e apresentações informais e formais por meio de suas aulas técnicas. Você observará maneiras de recordar movimentos e de aproveitar a experiência de execução. Além disso, este capítulo também instrui você em relação a aproveitar ao máximo quando assistir a apresentações de dança ao vivo.

Aprendizado de movimentos para apresentação

Aprender movimentos para apresentações é, em essência, o mesmo que aprender qualquer movimento em aula. Ainda é necessário aprender a sequência dos movimentos, onde eles se originam no corpo, onde se movimentam no espaço, o ritmo ou a velocidade do movimento e a qualidade com que os movimentos devem ser realizados. A maior diferença é em relação ao tempo necessário para você aprender as sequências de movimentos. Alguns instrutores repetem sequências e as desenvolvem a cada aula; outros apresentam material novo a cada aula. Se você tiver um professor que desenvolve materiais ensinados previamente, já está no caminho de obter a habilidade de recordar sequências de dança. Há diversos hábitos, no entanto, que podem ser desenvolvidos por você e que lhe ajudarão a lembrar das danças para uma apresentação.

Desenvolvimento de uma memória visual

Sua **memória visual** é a habilidade de lembrar o que você vê. Essa é uma parte importante da execução e da reação à dança moderna. Como participante de uma coreografia, você precisará aprender a observar sequências de movimento e repeti-las. Uma maneira de desenvolver sua memória visual é criar um monólogo interno ou uma narrativa do que está acontecendo. À medida que

> ### Dica técnica
>
> Recordar a sequência de movimentos e visualizar a combinação são atitudes essenciais para aprender a combinação. Falar para si palavras de ação que descrevem o movimento é outra maneira de lembrar a combinação. Repetir essas palavras enquanto repassa as imagens da sequência de movimento em sua cabeça conecta os movimentos.

realizar os movimentos, você pode desejar falar consigo por meio dos movimentos, encontrando palavras-chave. Uma sentença de dança em sua cabeça pode soar como "corra, salte, gire, deslize, vá ao chão". Às vezes, seu professor dirá essas pistas em voz alta. Essas palavras-chave lhe ajudarão a desenvolver a memória para aquilo que você vê, pois auxiliam a reunir os movimentos em unidades ou frases. Você não precisa saber os verdadeiros nomes dos passos para fazer isso. Utilize palavras-chave que sejam significativas para você.

Fazer anotações

Em suas aulas do ensino médio ou da faculdade, não há dúvidas de que você ganhou o hábito de fazer anotações. A ação de escrever seus pensamentos faz com que a recordação seja mais fácil. O mesmo é válido para a dança. Anotar o que aprendeu lhe ajudará a lembrar, mesmo que você não tenha muito tempo para estudar o que escreveu.

Você deve registrar anotações o mais próximo possível do término da aula, de modo que sua memória fique fresca. Isso pode se tornar um dos hábitos mais produtivos que você desenvolverá em sua vida na dança. Dessa maneira, você treinará sua memória, bem como seu corpo e espírito por meio da dança.

Uma vez que tenha feito as anotações imediatamente após a aula ou o

> ### Atividade
>
> **Tome notas**
>
> Imediatamente após sua próxima aula de dança moderna, faça anotações sobre a combinação realizada no solo. No dia seguinte, tente recordar essa sequência de movimentos. Agora, olhe suas anotações e verifique se é mais fácil lembrar a coreografia.

ensaio, certifique-se de revisá-las no máximo em 24 horas. Isso garantirá que suas anotações estejam compreensíveis para você. À medida que você se distancia temporalmente de um acontecimento, tende a se recordar apenas do geral ou dos elementos mais importantes, não necessariamente dos detalhes. Logo após a aula, anote aspectos do que deseja lembrar e complete as informações, ou então adicione palavras-chave ou imagens, no dia seguinte, enquanto realiza uma revisão.

Elementos fundamentais: o que, onde, quando, com quem

Esteja você aprendendo movimentos para uma apresentação ou uma situação de teste de desempenho, deve se concentrar em algumas questões que lhe ajudarão a não apenas aprender o material, como também a lembrá-lo por mais tempo e executá-lo com mais confiança. O primeiro nível de sua atenção deve se concentrar nos elementos fundamentais da dança, que lhe ajudarão com o aprendizado e a recordação da coreografia.

Esses elementos fundamentais incluem saber o que, onde, quando e com quem. *O que* refere-se aos verdadeiros passos que se espera que você execute. Você deve se preocupar, por exemplo, se o salto é realizado com uma perna estendida ou uma perna dobrada, se o giro é com o pé direito ou esquerdo, se o braço está estendido ou levemente flexionado. *Onde* refere-se à dimensão espacial da combinação ou coreografia. É possível que o estúdio de dança em que você ensaia tenha dimensões diferentes das do palco ou estúdio de dança em que será realizada sua audição, ou seja, é importante saber onde você está em relação ao espaço. Por exemplo, você pode lembrar que está a um quarto do caminho até o outro lado da sala, não importa qual seja exatamente o tamanho dela. *Quando* refere-se ao ritmo da coreografia. Você precisará perceber se a entrada será baseada em uma dica musical, como uma contagem da música ou quando uma parte específica da música é executada; ou se será baseada em uma dica visual, por exemplo, outro dançarino deixando o palco ou se movimentando nele. Em conjunto com *onde, com quem* é algo útil a perceber. Como é provável que nem todos os participantes da combinação ou estudo farão as mesmas coisas, será importante prestar atenção em quem está dançando cada parte com você. Você pode depender de seus colegas para serem não apenas pontos de referência espaciais, mas também um bom recurso para a prática. Há uma ligação única entre dançarinos que executam uma coreografia. A comunicação não verbal que você troca com um colega é um tipo especial de energia compartilhada. Certifique-se de valorizar essa oportunidade de conexão com outras pessoas.

Expansão do seu foco: como e por quê

Dançarinos iniciantes geralmente cometem o erro de concentrar toda sua energia no que é esperado que façam. Uma vez que tenham assimilado *o que, onde, quando* e *com quem*, eles sentirão que conhecem o trabalho. Muitos coreógrafos, desde seus colegas até os mestres, no entanto, criam danças porque desejam comunicar uma ideia ou inspirar uma reação da plateia. Isso significa que o *como* e *por quê* da combinação, estudo ou dança são importantes para saber e expressar, além de simplesmente saber o que estão fazendo. É verdade que, para a maioria dos dançarinos, o professor ou coreógrafo deposita muito da intenção da coreografia nos elementos de vocabulário de movimento, estrutura da dança e uso do espaço, mas as características da apresentação que os dançarinos levam a um trabalho ainda é um fator importante na habilidade de comunicação de qualquer dançarino. Isso significa que você precisará se concentrar no *como* e *por que* da dança. *Como* refere-se às características que você adotará para abordar as frases de movimento. Até na vida cotidiana, você atribui características a um movimento. Se você estiver caminhando pela sala e cumprimenta alguém que não vê há muito tempo, caminhará com certa energia e suavidade no corpo. Se cruzar o mesmo espaço e vir uma pessoa que o irritou, você pode ostentar uma postura corporal mais vigorosa e seus pés podem bater no chão com mais força. Você ainda está realizando o mesmo *o que* de caminhar, o mesmo *onde* da sala e o mesmo *quando* de se dirigir a uma pessoa quando ela entra, mas o *como* do movimento será diferente. Se você não tiver certeza quanto ao *como* de uma frase de movimento, pergunte ao professor. A resposta a essa questão será útil a todos os participantes da coreografia ou da aula.

O *como* que direciona o modo como você executa uma coreografia baseia-se, em geral, no elemento *por que* de uma dança. Alguns dançarinos contam uma história, portanto, *por que* está realizando determinado movimento é, com frequência, atrelado à comunicação de uma característica ou uma reação emocional. Alguns estudos ou combinações comunicam um sentimento, portanto o elemento *por que* dirá mais respeito a incorporar a emoção, de modo que a ideia possa se tornar visível à plateia. Algumas danças, em especial aquelas preparadas para apresentações informais, são criadas para exibir suas habilidades como dançarino em potencial. Nesse caso, *por que* pode ser a exibição de um movimento específico ou um incentivo para que você aprenda uma nova maneira de se movimentar. Se você não consegue dizer o motivo pelo qual um movimento ou elemento de uma dança faz parte da coreografia, é improvável que a plateia seja capaz de percebê-lo também. Assista ao vídeo do ensaio que o professor mostrar a você e verifique se consegue encontrar *por quê*. Se não ficar óbvio após assisti-lo, não deixe de perguntar. Você ajudará o coreógrafo se fizer perguntas racionais depois de ter dado seu melhor para aperfeiçoar o que ele exige de você.

Prática da coreografia

O momento da aula é importante para aprender e praticar coreografias, mas não é o único em que você deve praticar. Um dançarino sério revisa a coreografia entre as aulas ou ensaios. Nem todos possuem um espaço para fazê-lo. Felizmente, há duas maneiras de ensaiar uma dança sem a necessidade de um espaço grande. Na verdade, isso pode se realizar no corredor externo do estúdio ou em seu quarto A primeira maneira é reler suas anotações sobre o ensaio – o que lhe fará recordar o movimento que foi incluído na última ocasião e, talvez, até algumas das ideias de como você deve executar o movimento. Você pode revisar as anotações sozinho ou com outro dançarino participante da coreografia. Caso estejam se aquecendo no lado externo do estúdio, revisar anotações é um bom modo de finalizar sua sequência de aquecimento.

A segunda maneira de ensaiar fora do espaço do estúdio é marcar as sequências da coreografia. **Marcação** é um termo empregado com o sentido de executar a dança de uma maneira muito reduzida. Você indica os movimentos em vez de executá-los por completo (por exemplo, curvando-se suavemente em vez de realizar todo o movimento até o chão, ou executando a maioria dos movimentos de braço em vez de empregar as costas inteiras). Essa é uma ótima forma de solidificar sua memória em relação a uma sequência de movimento. Em geral, o dançarino que realiza uma marcação de dança no

Praticar uma dança é uma maneira de aprender movimentos e se conectar ao grupo.

lado externo do estúdio será acompanhado por outros dançarinos participantes da mesma coreografia. Marcar é uma boa habilidade a se ter, uma vez que você poderá necessitar empregá-la também quando estiver cansado ou lesionado. Você pode revisar as emoções e os aspectos da dança, mesmo se estiver marcando os movimentos e o espaço. Muitos dançarinos revisam suas coreografias ouvindo a música da dança e visualizando-se nela enquanto a música toca.

Exercícios de relaxamento antes da apresentação

Cada artista é diferente, mas a maioria se sente nervosa antes de apresentações. Mesmo em apresentações informais, alguns dançarinos ficam mais preocupados do que outros. Se você for um desses, pode tomar algumas medidas para relaxar antes da apresentação. Não importa qual método usar, lembre-se de que quase todos sentem o mesmo que você, e alguma ansiedade anterior pode proporcionar a energia para uma ótima apresentação. O segredo está em não deixar que seu nervosismo o domine e permitir que você realmente aprecie a experiência de se apresentar para os outros. Para muitos dançarinos, a apresentação é "a cereja do bolo". O contraste entre o nervosismo que antecede a apresentação, a satisfação de se apresentar e a sensação maravilhosa de realização que se sucede pode ser uma experiência gratificante e até viciante.

Existem três técnicas comuns para relaxar antes de uma apresentação, e nem todas funcionam para todos os dançarinos. Se você tiver a chance de conversar com alguém que você respeita como artista, pergunte como essa pessoa lida com a questão. Ela talvez tenha uma solução que você poderia tentar. Uma técnica comum é controlar a respiração. Quando você está nervoso, seus batimentos cardíacos e respiração se tornam mais rápidos. Desacelere isso com respirações profundas e uniformes. O ato de acalmar seu corpo do ponto de vista físico terá um efeito poderoso, uma vez que mente e corpo são intimamente ligados. Em geral, dançarinos referem-se ao ato de controlar a respiração e se sentirem calmos e capazes como resultado da concentração.

A segunda técnica para tratar a energia nervosa é distrair-se com alongamentos ou marcações por meio da dança. O efeito de pequenos movimentos físicos relaxará a tensão que você apresenta nos músculos. Tenha cuidado para não exagerar nos alongamentos ou no ensaio da coreografia, o que pode expô-lo a lesões.

Uma terceira técnica para afugentar o medo de palco é concentrar-se em uma imagem ou inspiração. Imaginar a personagem que você está prestes a retratar em uma dança ou colocar-se na atmosfera que a dança irá transmitir pode canalizar sua energia mental e foco para a apresentação. Olhe ao seu redor e capte o ambiente. Observar os outros artistas e sentir a conexão que há entre vocês como colaboradores do processo artístico são atitudes que lhe ajudarão a aproveitar a experiência e ter consciência da aventura incrível da qual faz parte. A habilidade de enxergar a apresentação como um todo e a perspectiva de que a dança não diz respeito a passos individuais, e sim a uma experiência coletiva, pode ser reconfortante. Você também pode cogitar concentrar-se mentalmente em uma citação de um autor que considerar inspirador ou em um conselho de um coreógrafo famoso.

Visão e expectativa das apresentações em dança moderna

Enquanto estiver estudando dança moderna no estúdio, você deve aproveitar a oportunidade de ver profissionais de dança moderna ao vivo. Muitos alunos podem viver em locais onde a dança ao vivo não esteja disponível ou acessível. Se as companhias profissionais de dança moderna não forem à sua comunidade, diversos vídeos na internet e DVDs comerciais estão disponíveis. É importante assistir a apresentações de dançarinos profissionais. Há muitos programas sobre dança popular na televisão, mas a maioria foca em competições entre amadores. Não importa quão bons sejam os amadores, os dançarinos em uma companhia profissional têm uma conexão com o coreógrafo e treinamento especial na técnica executada, diferentemente de outro tipo de apresentação. É importante, como dançarino, desenvolver um senso estético em relação a cada tipo de estilo de dança moderna que você possa encontrar. Assistir a uma apresentação ao vivo é um recurso inestimável para desenvolver sua compreensão sobre a forma de arte da dança moderna.

Muitas faculdades e universidades possuem excelentes companhias de dança integradas por alunos. Apoie seus colegas assistindo às suas apresentações. Muitas dessas companhias executam releituras de obras-primas históricas, bem como apresentam os trabalhos originais de artistas atuais. A tradição de longa data das apresentações de grupos de dança de faculdades é algo válido.

Na verdade, é provável que exijam de você que assista a danças profissionais ao vivo, se estiverem disponíveis em sua região; ou você precisará ver vídeos ou comparecer a apresentações de grupos de dança universitários como parte de sua aula de dança. Seu instrutor provavelmente também exigirá que você discuta ou escreva uma apreciação à sua experiência como espectador. A seguir, serão apresentadas orientações de como escrever essa exposição.

Se você não teve muita experiência em assistir dança moderna, pode estar hesitante em relação a interpretar a dança que estiver assistindo. Apenas lembre-se de que não existem certo e errado absolutos em relação a uma dança. Você pode até ter uma reação diferente a uma dança cada vez que assisti-la, dependendo do seu humor ou experiências. As verdadeiras obras-primas da dança são, em geral, valorizadas pelo fato de serem tão ricas e profundas que é possível enxergar nelas diversos aspectos após muitas observações. A melhor abordagem

> ### Você sabia?
>
> O pioneiro da dança Ted Shawn obteve inspiração para se tornar dançarino porque assistiu a uma apresentação profissional ao vivo da primeira dançarina moderna, Ruth St. Denis. Apresentações ao vivo podem inspirá-lo também!

é manter a mente aberta e escrever ou discutir o que você vê. Escrever ajuda a clarear seus pensamentos. Quando você deposita palavras no papel, sua mente se envolve em análises mais profundas. Reler seus pensamentos à medida que escreve também pode ajudar a elucidar sua apreciação. De maneira semelhante, se você tiver a chance de discutir o trabalho com outra pessoa, descobrirá que sabe mais sobre o que viu do que imagina. Explicar o que você observou é uma ótima prática para descrever movimentos, uma atividade que o auxilia a aprendê-los mais rapidamente. Se você estiver tentando discutir uma dança com outra pessoa, ficará tentado a descrever as imagens que viu, em vez de cada passo. Essa também é uma boa prática para interpretar o que viu.

Nem a escrita nem a discussão serão produtivas na compreensão de uma obra de arte, apenas se você discutir sobre o que imagina ser a intenção do artista. Discuta o que você viu no trabalho, mesmo que o que você pensa não esteja de acordo com o que supunha ver. Uma dança pode ser como um texto. Sua leitura deveria se basear no próprio texto, e não na interpretação de um crítico. Não há problemas em ler o que outros disseram sobre uma dança, mas não se esqueça de que você tem seus próprios pensamentos também.

Após assistir a uma dança, pedirão que você escreva uma **reflexão** ou explanação do que viu. Isso pode ser feito na forma de uma avaliação escrita, uma reflexão informal de diário ou uma discussão em aula. O processo de escrita pode ajudá-lo a clarear seu pensamento em relação à dança. Há muitas maneiras de criar uma exposição escrita de uma apresentação, e seu instrutor dará orientações específicas a serem consideradas. A seguir, há uma explicação a respeito dos componentes da escrita sobre a dança: descrição, análise e avaliação. Descrever a dança refere-se a delinear os elementos ou estruturas da dança, por exemplo, número de dançarinos na coreografia, o tipo de música que a acompanha e o estilo de movimentos que os dançarinos realizam. Analisar dança é ir uma etapa além e fazer um julgamento sobre o que a dança significa para você enquanto espectador. É aí que você explica, por exemplo, sobre o que imagina ser a dança ou quais imagens esta pareceu comunicar. Avaliar a dança significa dar sua opinião sobre ela ser ou não bem-sucedida ou efetiva. A descrição e a análise de uma dança são a evidência para sua avaliação do trabalho. Simplesmente oferecer uma opinião sobre ter gostado ou não de uma dança específica ignora o pensamento mais crítico em relação a um trabalho, que consiste em descrever o que você viu e analisar o que significou para você. Isso proporciona contexto e solidez à sua opinião.

Descrição

Não importa qual forma sua exposição tomar, você precisará descrever o que viu. A descrição deve ser em uma voz neutra. Descrever uma dança como "um dueto monótono com música irritante" não é, de fato, uma descrição, é uma opinião ou avaliação da dança. A descrição de uma dança oferece fundamentação comum para o leitor e você, o autor, identificarem os elementos da dança em discussão e o que os fizeram chegar à conclusão possivelmente extraída sobre seu significado. A seguir, há diversos elementos que você pode utilizar como uma *checklist* para quando escrever sobre uma dança ou descrevê-la, mas certifique-se de confirmar com seu professor quais desses elementos são os mais importantes para incluir em seu trabalho ou diário.

Nomes de artistas

Quando você escreve sobre uma dança, credite ou registre os nomes dos coreógrafos, dançarinos, *designer* de iluminação, figurinista e compositor. Uma obra de arte não pode ser totalmente separada de seus criadores. Suas experiências e senso estético são o que dão origem ao trabalho. Certifique-se de dar a todos os artistas o respeito de incluir seus nomes em sua anotação.

Gênero ou vocabulário de movimento

Isso se refere aos passos da dança e seu estilo geral; poderia ser um vocabulário clássico ou muitos movimentos no chão. Verifique se encontra contraçoes do tronco ou equilíbrios repetidos na dança. Descreva a aparência geral da coreografia e, possivelmente, o estilo específico de dança moderna, se puder identificá-lo.

Música

Pergunte-se como a música é utilizada na dança. Talvez ela não seja executada o tempo todo e haja momentos de silêncio. Possivelmente, os dançarinos não estão dançando ao ritmo da música, mas ela apoia a atmosfera geral da coreografia. Registre que tipo de música é usado, por uma descrição geral (por exemplo, música clássica) ou pela instrumentação (por exemplo, um solo de guitarra). Talvez a música seja uma trilha sonora ou a leitura de um texto. Certifique-se de observar isso também.

Dançarinos

Embora pareça um item óbvio de identificar, muitos dançarinos escrevem sobre grupos de dança sem, de fato, quantificar se é um grupo composto por quatro ou vinte dançarinos. Os dançarinos, em um trabalho de dança, podem participar da coreografia em um solo, dueto, trio ou outros grupos. O número específico não é tão importante, mas sim oferecer ao leitor uma ideia geral de como a dança se mostrou no palco.

Estrutura e sequência

Estrutura refere-se às partes de uma dança, enquanto sequência diz respeito à ordem das partes da dança. Por exemplo, a dança pode iniciar com um único dançarino no centro do palco que, depois, é acompanhado por um grupo grande de dançarinos no palco esquerdo. É a situação em que você poderia descrever se todos estão se movimentando em uníssono ou se há diversos solos simultâneos. Esses tipos de descrições fornecem um esboço do que ocorre na dança. Quando você pratica esse tipo de descrição, começa a prestar mais atenção nas estruturas das danças.

Descrição de movimento

Na descrição do vocabulário de movimento, você descreve o tipo de dança de maneira geral, mas também se faz necessário descrever alguns dos movimentos específicos observados na dança. As descrições de movimento tornam-se a evidência para suas interpretações das imagens na dança. Primeiramente, você deve explicar o que viu para, apenas mais tarde, poder definir o que os movimentos significam para você.

Design de figurino, cenário e iluminação

Além do *design* dos movimentos dos dançarinos e do posicionamento no espaço, outros elementos visuais podem estar presentes na dança, como o *design* de figurino, cenário e iluminação. Quando você escreve sobre uma apresentação de dança, não é necessário descrever o figurino em detalhes, mas conceito e maestria estão por trás do figurino. O figurinista colaborou com o coreógrafo para criar uma visão compartilhada da dança. Preste atenção ao que o figurino acrescenta a essa visão. Alguns figurinos são muito triviais, fazendo os artistas parecerem mais humanos e realistas; outros figurinos são coloridos e de formato abstrato. Faça anotações em relação a todos os dançarinos estarem vestidos de maneira igual ou se cada um está vestindo algo diferente. Esses figurinos sinalizam coisas muito diferentes em uma dança.

Algumas danças modernas envolvem cenários. O cenário pode ter uma rampa grande ou outra construção, ou pode ter projeções de vídeo ou *slide*. O cenário é outro elemento de *design* para a dança, portanto você deve refletir sobre como ele ajuda a comunicar o conceito por trás da dança.

De maneira similar, a iluminação de uma dança pode fazer diferença no modo como a dança é percebida, pois ajuda a direcionar o olhar do espectador no espaço. Um *designer* de iluminação trabalha muito perto do coreógrafo para desenvolver a atmosfera e as relações espaciais que você observa no palco.

Vídeo versus apresentação ao vivo

Quando você escreve sobre um vídeo em vez de uma apresentação ao vivo, é necessário ter consciência de mais um elemento: a visão do cinegrafista. Embora a melhor forma de assistir a uma dança em vídeo seja, em geral, o "tiro de arquivo" ou "tiro longo" de uma dança, no qual a câmera permanece em um lugar e grava todo o palco de uma só vez, esse raramente é o caso da dança profissional gravada em vídeo. São frequentes os *closes* no rosto dos dançarinos, em que o cinegrafista faz escolhas específicas ou edita o filme que você assiste. Você não precisa necessariamente escrever sobre a contribuição do cinegrafista para sua experiência de dança, mas deve fazer anotações a respeito, quando assistir à dança em vídeo, desde que o editor do filme ou cinegrafista possa fornecer a você opiniões sobre o que é importante observar na coreografia.

Análise

Após ter identificado ou descrito os elementos essenciais de uma dança, a etapa seguinte da escrita é explicar o que você viu no trabalho. Isso significa descrever as imagens, atmosfera ou outras impressões obtidas ao assistir à dança. O que você vê na dança baseia-se em diversos fatores pessoais, inclusive sua experiência em assistir danças e com o assunto da dança, portanto sua análise é uma afirmação subjetiva. Embora a análise envolva opinião, esse ainda não é o espaço para dizer se gostou ou não de uma dança. Sua opinião entra em jogo porque você está descrevendo as imagens vistas; elas são sujeitas a interpretações. Um espectador pode ver uma mulher solitária no solo, enquanto outro vê uma pioneira desafiadora. As imagens observadas em um trabalho são subjetivas, mas ainda são respostas não emocionais relativas a gostar ou desgostar de uma dança. Analisar é pegar os elementos da dança que você descreveu e colocá-los em um contexto que ajude o leitor de seu trabalho a compreender o que a dança significa para você. Evite fazer afirmações sobre o prazer de uma dança, pois seus gostos e desgostos são apenas uma análise superficial do trabalho. Embora seja esperado que você tenha uma reação emocional à dança, compreender e treinar para descrever os elementos da obra de arte que provocou sua reação desenvolverá sua compreensão e estima da dança como uma forma de arte. As três partes mais elementares da análise são: interpretar a atmosfera da obra, as imagens observadas no trabalho e sua metáfora geral.

Intenção do artista

Muitas pessoas acreditam que o motivo para assistir a uma dança é captar a mensagem que o coreógrafo pretendeu comunicar. Embora alguns dançarinos contem intencionalmente uma história, a maioria das danças modernas não e tao direta. O coreógrafo de dança moderna possui uma ideia inicial para explorar por meio do processo criativo, mas o resultado da dança pode ser totalmente diferente. O primeiro impulso que o coreógrafo tem pode mudar de maneira significativa por meio do processo coreográfico até a dança não lembrar mais a ideia original. Se você está em busca da ideia por trás da dança, pode não ser fácil encontrá-la, uma vez que a ideia pode ter sido metamorfoseada em algo menos nítido desde o conceito inicial.

Mesmo que a ideia da dança tenha perdurado durante sua criação ou a nova ideia seja clara, a intenção do coreógrafo é apenas uma parte da informação sobre a dança. O coreógrafo talvez sequer tenha consciência de muitas das imagens que surgem na dança final. Sua experiência no mundo permitirá observar imagens diferentes na dança. Por exemplo, observe uma dança na qual um dançarino afasta-se de maneira dramática de seu reflexo em um espelho. Talvez a inspiração do coreógrafo para criar esse movimento tenha sido uma experiência desagradável relacionada à imagem corporal. Como espectador, você talvez não tenha qualquer experiência com questões relacionadas à imagem corporal. Nesse caso, você interpreta esse movimento como uma expressão de culpa. Ambas as interpretações do movimento são válidas. Simplesmente pelo fato de o movimento ter sido criado por um coreógrafo para significar uma coisa não quer dizer que não possa significar outra coisa para você. Quanto mais abstratas as imagens na dança, mais provável será que você obtenha sua própria interpretação, com base em suas próprias experiências. Isso é incentivado! Deixe a dança falar com você.

Características e atmosfera

Sua análise de uma dança diz ao leitor não somente o que os dançarinos fizeram, mas também como o fizeram. Talvez os dançarinos pulem com frequência. Isso poderia passar a impressão de alegria, ou retratar medo e apreensão. Na análise da dança, você incluiria uma explicação das características do movimento e da atmosfera que a dança incorpora para você, com base em suas observações das características desses movimentos.

Identificação de imagens

Descrições da atmosfera não são eficazes se não forem apoiadas por uma descrição de imagens. Exemplos de descrições ineficazes são "quando a mulher foi levantada pelo homem, ela pareceu voar sobre a multidão de dançarinos", ou talvez "quando a mulher foi levantada, pareceu estar isolada no alto da montanha". Descrever isso apenas como um levantamento priva o leitor da rica imagem artística que uma dança pode conter. Encontrar as imagens mais memoráveis para você em um trabalho é essencial para compreender sobre o que é uma dança. Afirmar que a dança parecia ser sobre depressão é validado por uma descrição da imagem de quão isolados os dançarinos se movimentavam próximo ao chão, em frases tensas e lentas. A identificação da imagem é o processo de reunir descrições de movimento de modo que possam criar para o leitor momentos significativos na dança.

Busca por metáforas

Uma maneira de analisar suas observações acerca de uma dança é procurar a metáfora da dança. Uma metáfora, nesse sentido, é uma realidade imaginativa criada pela dança. Você sabe que a experiência em palco não é real, embora se relacione à vida real. Talvez, formações móveis abstratas em uma dança o façam lembrar-se da maneira como partículas se movimentam sob um microscópio ou reflitam os padrões das estrelas à noite. Mesmo se não houver nenhuma personagem ou cenário óbvio em uma dança, a metáfora criada pelo coreógrafo pode ser um ponto de discussão com outros ou o assunto de sua escrita. Fazer perguntas a si mesmo para encontrar a metáfora de uma dança é uma maneira de analisar todos os elementos na dança e observar o efeito cumulativo em si mesmo, como espectador. Em sua escrita, esse é o ponto no qual você explica como as imagens identificadas na dança se reúnem para criar significados.

Avaliação

Após ter descrito a dança, inclusive a imagem observada no trabalho e a metáfora ou realidade imaginativa comunicada, você está pronto para avaliar a eficácia. A avaliação poderia se relacionar a quão bem você, como membro da plateia, interpreta a metáfora do dançarino, quão coerente um trabalho parece ser enquanto meio de comunicação, ou se os elementos do trabalho se reúnem de maneira coesa. Às vezes, uma avaliação de dança inclui comentários críticos sobre a técnica dos artistas ou algum outro elemento específico da apresentação. Seu instrutor pode dar a você coisas para procurar em uma apresentação, por exemplo, o uso de música ou o estilo específico de movimentos que os dançarinos executam. Também é adequado comentar esses elementos na parte de avaliação de seu trabalho. Alguns críticos profissionais de dança comparam as danças às quais assistem com a reputação ou história daquela companhia de dança ou alguns outros padrões externos. Verifique com seu professor para decidir se há determinados critérios que ele gostaria que você observasse quando escreve sobre a dança.

Seja paciente consigo mesmo. Escrever sobre dança é uma atividade gratificante, mas, como qualquer outro processo, demanda prática. Quanto mais você escrever e compartilhar suas experiências em assistir dança ao vivo e em vídeo, mais fácil se tornará a tarefa. Você precisa considerar e revisar muitos fatores quando descrever uma dança, mas aprender a prestar atenção a esses elementos não somente o ajudará a descrever o que você vê, como também o fará perceber mais aspectos nas danças às quais assistir. Muitas das habilidades usadas por você no aprendizado de movimentos são transferidas ao ato de assistir às danças e vice-versa. Aprender a ser um observador atento, no estúdio, beneficiará você quando assistir a uma dança no teatro; e, consequentemente, assistir a danças no teatro e refletir criticamente sobre isso lhe ajudará a ser um aluno observador no estúdio.

Resumo

Como parte do estudo da dança moderna, você aprenderá a recordar sequências de dança para apresentações. Além da prática, diversas estratégias podem desenvolver sua memória. Fazer anotações é uma parte especialmente importante do desenvolvimento de suas habilidades de memória, em especial quando você aprende a se concentrar no *que*, *onde*, *quando*, *com quem*, *como* e *por que* da coreografia. Outra parte importante para compreender a forma de arte da dança moderna é assistir a apresentações profissionais ao vivo e em vídeo. Aprender a perceber e descrever como coreógrafos utilizam determinados elementos para obter ideias ajudará você a descrever e refletir sobre o que vê. Os elementos mais importantes a explicar são os nomes e quantidade de artistas; a música utilizada para a dança, o vocabulário de movimento, estrutura e sequência da dança; e como tudo isso se combina para criar atmosfera e imagens. A reflexão sobre todos esses elementos lhe ajudará a encontrar uma metáfora que une a dança em uma ideia coesa comunicada pelo coreógrafo, a qual você irá descrever, analisar e avaliar. Quanto mais aprender a descrever danças às quais assiste em apresentações, melhor será sua compreensão sobre dança no estúdio.

7
História da dança moderna

Uma característica maravilhosa da dança é que você consegue conectá-la não apenas no aspecto físico no estúdio, mas também emocional e intelectualmente. Quanto mais conhecer a história e a filosofia dos dançarinos modernos, mais você será capaz de perceber como essa forma de arte integra mente e corpo, e como ela mudou com o passar dos anos para o tipo de dança que você está estudando atualmente.

Este capítulo aborda os acontecimentos históricos que culminaram no nascimento da dança moderna no final do século XIX e início do século XX. Além disso, abrange os dançarinos e coreógrafos pioneiros dessa forma de arte e analisa como eles viam o corpo como uma ferramenta de expressão ou delineamento de espaço. Como todos os artistas, essas figuras da história da dança moderna foram influenciadas pela sociedade na qual viveram. Três principais adventos na sociedade influenciaram o desenvolvimento da dança moderna: o movimento feminista, o industrialismo e uma época de mudanças sociais e políticas.

Origens da dança moderna

A forma de arte da dança moderna nasceu nos últimos anos do século XIX e evoluiu para uma nova forma de dança no início do século XX. Para compreender como nasceu uma nova forma de arte, você deve observar a época na qual ela foi criada.

O movimento feminista

Diversos fatores contribuíram para que o movimento feminista emergisse na Europa e nos Estados Unidos, no final do século XIX. As mulheres estavam trabalhando mais fora de casa, como em fábricas, que substituíram o trabalho doméstico. Embora as mulheres estivessem entrando na força de trabalho industrial, uma atitude de desigualdade prevalecia. Direitos básicos, por exemplo, salários iguais para as mulheres e o direito de votar, eram negados.

Essas lutas para as mulheres serem consideradas iguais e independentes dos homens nos termos da lei nem sempre se conectavam com as representações femininas na dança clássica, no século XIX, as quais frequentemente caracterizavam histórias fantásticas de um príncipe resgatando uma donzela em apuros. Algumas mulheres começaram a questionar se poderia haver outra maneira de se expressarem por meio do movimento que não perpetuasse a imagem da mulher tão dependente de um homem para ser resgatada. Foi solicitado aos primeiros pioneiros da dança moderna que substituíssem essa imagem de ingenuidade pela de uma mulher de espírito independente que movimentava seu corpo com vigor.

Industrialização

O final do século XIX foi um período de mecanização. Brotavam novas invenções que estavam mudando o modo de vida; a lâmpada elétrica, o telefone e a máquina de costura foram inventados entre 1870 e 1880. Todos pareciam fascinados com a forma moderna e "científica" de fazer as coisas. A dança não foi uma exceção. Dois homens foram particularmente notórios na popularização de uma abordagem analítica para observar o movimento, no final do século XIX e início do XX. Esses dois homens eram François Delsarte e Rudolf von Laban.

François Delsarte

François Delsarte (1811-1871) foi um professor de música francês que desenvolveu um sistema para ajudar artistas a desenvolverem sua expressividade corporal. Delsarte utilizou essa análise para ensinar gestos dramáticos a seus alunos, que ele acreditava resultar no desenvolvimento de princípios estéticos, muitos dos quais relacionados à expressão de obras de arte da Grécia antiga, como vasos em baixo-relevo ou pintados. A abordagem de Delsarte captou a imaginação de muitas mulheres nos Estados Unidos que praticavam seus métodos com frequência, o que em geral era chamado de um exercício delsarteano. Delsarte acreditava que o movimento atingia sua máxima eficiência

> ### Você sabia?
>
> Se você assistiu à versão cinematográfica de *O vendedor de ilusões,* então viu o exercício delsarteano. A esposa do prefeito, Eulalie Shinn, lidera um grupo de mulheres que se apresentam como vasos gregos. Essa é uma aproximação, embora exagerada e humorística, da prática do exercício delsarteano.

com o mínimo esforço. Ele foi até citado como tendo dito que a graça era a eficiência do movimento. Não há dúvidas de que seu trabalho foi muito bem recebido em um período de fascinação com os avanços científicos por meio da eficiência mecânica.

Rudolf von Laban

Rudolf von Laban (1879-1958) foi um professor e diretor de *ballet* nascido na Hungria que analisou o que considerava ser as leis da dinâmica e expressão no movimento humano. Essa abordagem analítica de como os humanos se movimentam resultou posteriormente na análise Laban de movimento, um sistema para analisar as maneiras específicas como o corpo pode se movimentar, e na labanotação, um sistema simbólico para registrar qualquer tipo de movimento humano, em especial, coreografia. Mais detalhes em relação aos princípios nos quais Laban baseou seu trabalho estão no Capítulo 4. Sua abordagem precisa à decodificação da maneira como humanos se movimentam e se expressam foi um conceito elegante no início do século XX. Ele favoreceu a popularização das abordagens novas e científicas com o objetivo de melhorar o dia a dia. Como professor, Laban foi uma influência para Mary Wigman e Kurt Jooss, os dois coreógrafos mais memoráveis dos primórdios da dança moderna, na Alemanha.

Novas tendências na arte visual

Nenhuma forma de arte está sozinha. No início do século XX, houve novas tendências na arte visual que influenciaram os primeiros dançarinos e coreógrafos modernos. As artes visuais dessa época foram influenciadas, de modo recíproco, pelo estilo de dança moderna que estava apenas no início.

Rudolf von Laban ensinando seu sistema de notação.

Você sabia?

A dança moderna recebeu esse nome nao apenas porque era uma forma de dança nova e moderna no início do século XX, mas também pelo fato de ter semelhanças com o modernismo na arte.

Art nouveau

Uma tendência popular na arte do fim do século XIX e início do XX foi o movimento *art nouveau*. Esse estilo de arte e arquitetura extraiu sua inspiração de elementos da natureza. Artistas que criavam pôsteres e pintores da época, como Alphonse Mucha, Jules Chéret e Henri de Toulouse-Lautrec, particularmente gostavam de utilizar imagens da "nova mulher", que rejeitava visões convencionais da domesticidade e da feminilidade. Não é de surpreender que muitos dos pioneiros do início da dança moderna foram temas dessa arte em pôster.

Modernismo *versus* realismo

Muitos artistas se engajaram em um afastamento intencional da representação realista na arte, que se tornou conhecido por modernismo. Esse novo estilo explorava experiências subjetivas, como sentimentos e percepções de alguém, em vez da observação da vida real. O trabalho parecia abstrato, como oposto ao realismo. Os trabalhos do pintor Pablo Picasso, os quais continham partes do corpo reconhecíveis, mas não o rosto realista de uma mulher, são um exemplo desse movimento modernista na arte. A nova dança – ou dança moderna, como posteriormente ficou conhecida – interessava-se em representar a abstração da experiência humana em vez de o reconto realista de uma história. A nova dança explorava sentimentos pessoais sobre o mundo, por meio do movimento abstrato, desordenado e não literal, exatamente como a arte moderna representava as visões de mundo subjetivas dos artistas por meio de formas abstratas e, em geral, composições mais simplificadas. Como o modernismo na arte, a dança moderna manifestava-se como uma rebelião contra as tradições artísticas do passado.

Um século de mudança social e política

Todos os artistas são um produto do período em que criam. Embora os artistas do primórdio da dança moderna estivessem frequentemente na vanguarda da mudança, muitos também refletiam os preconceitos e as circunstâncias de suas épocas.

A busca pelos elementos da dança era uma força motriz para muitos artistas no início do século XX. Essa exploração fez com que muitos coreógrafos se interessassem pela dança e música nativas americanas e afro-americanas, por causa de uma percepção de que essas formas se baseavam em ritmos e movimentos primitivos, elementares. Embora muitos dos primeiros artistas modernos, como Helen Tamiris, em seu marcante trabalho *Negro Spirituals* (1928), assumissem o tema da diversidade, essas danças não escalaram dançarinos afro-americanos. De modo semelhante, *American Document* (1938), de Martha Graham, exibia episódios da história nativa americana e afro-americana, mas não incluiu nenhum membro desses grupos no elenco. Esse e outros exemplos semelhantes refletem a segregação racial predominante na sociedade americana antes dos anos 1960.

Visões e causas políticas, em particular a luta contra o fascismo, encontraram seu caminho na revolta artística que era a dança moderna. Artistas como Anna Sokolow, Helen Tamiris e Sophie Maslow reagiram por meio da dança a problemas de luta de classes e à necessidade de mudança social nos Estados Unidos. Em geral, dançarinos modernos estavam preocupados com a tensão entre a expressão individual e as possibilidades de a nova forma de arte expressar questões sociais mais amplas.

Evolução da dança moderna

Obras-primas são danças que transcendem a época em que foram criadas, de modo que continuam relevantes ou que perduram pelo fato de representarem com muita clareza o momento no qual foram concebidas. Embora não seja possível dar o devido reconhecimento a todos os coreógrafos, produtores, educadores e dançarinos que moldaram a dança moderna, diversos indivíduos notórios e obras-primas podem ajudar a traçar o desenvolvimento dessa forma de arte como ela é praticada no estúdio e, em geral, executada nos dias atuais. A breve história da dança moderna divide os anos do século XX em cinco períodos e uma palavra ou frase descritiva que tipifica os artistas desse período.

1900-1920: matriarcas

A história da dança moderna, ou "nova dança", como foi chamada na época, inicia com três mulheres frequentemente consideradas as mães dessa forma de arte e a base da árvore genealógica da dança moderna. Essas mulheres são Loie Fuller, Isadora Duncan e Ruth St. Denis. Cada uma deu sua contribuição ao desenvolvimento do gênero. A Tabela 7.1 é uma linha do tempo de acontecimentos históricos e relacionados à dança moderna, de 1900 a 1919.

Loie Fuller

Loie Fuller (1862-1928) nasceu em Illinois, com o nome Marie Louise Fuller. Sua coreografia era um acontecimento de teatro total. Ela envolvia os braços e o corpo com grandes pedaços de tecido, às vezes acrescentados por bastões nas mangas, e os manipulava sob luzes a fim de criar efeitos magníficos. Suas danças eram, principalmente, trabalhos solo executados por ela, nos quais se transformava, no palco, no núcleo de uma fogueira ou nas formas sinuosas das asas de uma borboleta. A apresentação de Fuller era um espetáculo. Os *shows* de *rock* atuais, com seu uso extravagante de luzes e cenários, são experiências provavelmente equivalentes às vivenciadas pelas plateias de Fuller no fim dos anos 1800 e início dos 1900.

Loie Fuller com seu vestido borboleta, em 1901.

Tabela 7.1 Acontecimentos importantes de 1900 a 1919

1900	Sigmund Freud publica *A interpretação dos sonhos*. Loie Fuller apresenta-se na Exposição de Paris.
1902	Duncan se apresenta em Budapeste, em uma turnê com lotação máxima que durou 30 dias. Loie Fuller conhece Isadora Duncan.
1903	Primeiro voo dos Irmãos Wright.
1905	St. Denis apresenta *Radha*.
1906	Fred Astaire apresenta-se pela primeira vez, aos 6 anos de idade, com sua irmã Adele.
1907	Anna Pavlova apresenta o solo "A morte do cisne".
1908	Primeiras transmissões de rádio. A Ford Motor Company cria a linha de montagem.
1910	Ruth St. Denis apresenta *Egypta*.
1912	Naufrágio do *Titanic*.
1913	Niels Bohr cria o primeiro modelo de núcleo atômico. A imagem de Isadora Duncan é esculpida nas paredes do Teatro dos Campos Elíseos.
1914	Ruth St. Denis e Ted Shawn criam a Denishawn School.
1916	A teoria da relatividade geral de Einstein é publicada. Duncan viaja extensivamente pela Europa e Estados Unidos durante os anos 1920.
1917	Revolução Russa.
1918	Fim da Primeira Guerra Mundial. O voto feminino é conquistado no Reino Unido.

Fuller deu duas contribuições à forma de arte emergente da dança moderna. Ela foi a primeira coreógrafa a insistir em um teatro completamente escuro para suas apresentações – algo garantido em apresentações de teatro atuais. Ela exigiu isso, em parte, porque seu trabalho dependia de efeitos de luz, a segunda de suas inovações singulares. Loie Fuller, com sua equipe de eletricistas, criou e implementou o primeiro sistema de luzes projetadas para palco, inclusive luzes de cálcio e incandescentes, pratos giratórios e géis de iluminação para modificar a cor da luz.

Fuller estava na vanguarda da tecnologia de seu tempo. Seu trabalho com luzes e tecidos refletia o interesse em todas as questões tecnológicas na virada do século. As figuras fluidas criadas pelos tecidos e luz manipulados por Fuller refletiam as formas naturais e orgânicas do movimento de *art nouveau*, e ela representou um afastamento completo das danças conduzidas por narração da época. O trabalho de Fuller não precisava de roteiro ou personagens; em vez disso, contava com imagens extraídas do mundo natural – a primeira dos artistas de dança a se conectar com essa tendência modernista.

Fuller foi também a primeira da era da nova dança a treinar dançarinos em seu estilo, além de primeira dançarina a abrir mão de seu espartilho em cena. Para muitos, aparecer em público sem espartilho era escandaloso e impróprio. No entanto, para a nova mulher, no início do movimento feminista, simbolizou liberdade da restrição das regras limitadas em relação à mulher na sociedade. Fuller foi uma imagem icônica para essa nova mulher. Há algumas evidências extraídas de seus escritos de que tanto Isadora Duncan quanto Ruth St. Denis eram duas dessas novas mulheres que assistiram a Loie Fuller se apresentar, e ficaram impressionadas e inspiradas por seu trabalho.

Isadora Duncan

Isadora Duncan (1877-1927) nasceu na Califórnia. Em sua breve vida, ela deu uma das contribuições mais significativas ao desenvolvimento da dança moderna. As danças de Duncan baseavam-se em movimentos simples, como caminhada ou pulos, além de gestos dramáticos. Ela praticava o que chamava de visualização musical, na qual ouvia a música e transformava o sentimento e a emoção nela contidos em vida por meio do corpo. Duncan acreditava que a dança era a materialização da emoção, e suas danças lidavam com sentimentos fundamentais, como alegria, raiva e medo. Duncan afirmava que o movimento é motivado pela emoção e deve ser expressado como instrumento do corpo humano como um todo (Duncan, 1928). Isadora foi inspirada pela arte da Grécia antiga e pelo trabalho de François Delsarte, portanto não é de se surpreender que poses que lembravam esculturas gregas ou figuras em baixo-relevo conduzissem sua estética. Muitas dessas poses eram naturais, em vez de formais, e raramente utilizavam pernas rotacionadas para fora.

> **Você sabia?**
>
> Uma obra de arte da qual Duncan particularmente gostava era a famosa pintura *Primavera*, de Botticelli. Esse trabalho retrata mulheres gregas em mantos esvoaçantes e transparentes celebrando a primavera. O figurino de Isadora frequentemente se espelhava no da pintura.

Uma das contribuições mais significativas de Duncan para a nova dança (ainda não batizada de *moderna*) foi seu óbvio e intencional uso da respiração. Após retirar o espartilho, Isadora ficou conhecida por ter passado algum período no estúdio observando no espelho a elevação e o abaixamento de sua respiração. Ela estudou o efeito do movimento e as maneiras como o tronco poderia se movimentar como reação. O uso da respiração como uma motivação para o movimento ou a importância de padrões de respiração em uma coreografia é essencial à prática da dança moderna nos dias atuais. Isadora Duncan estabeleceu essa estrutura nos primeiros anos do século XX.

Isadora Duncan dançando nas ondas.

Ruth St. Denis

Ruth St. Denis (1879-1968) nasceu em Nova Jersey. Quando criança, St. Denis, que, na verdade, se chamava Ruth Dennis, estudou exercícios delsarteanos, *ballet* e algumas formas de dança social. Mudou-se para Nova York a fim de dançar no teatro de variedades, em 1892. Lá foi descoberta pelo lendário produtor e diretor da Broadway David Belasco, que a contratou para ser uma dançarina de destaque em sua produção itinerante *Zaza*. St. Denis, como Belasco a rebatizou, excursionou durante vários anos com a grande atriz Sarah Bernhardt, cujo estilo de atuação fisicamente dramático influenciou a jovem dançarina. Em 1904, St. Denis viu um anúncio dos cigarros Egyptian Deities, retratado pela deusa Isis. Miss Ruth, como ela posteriormente seria chamada, já uma ávida leitora de história e culturas antigas, ficou fascinada pelo Egito e Índia antigos. Inspirada pelo Oriente, como a parte leste do planeta era chamada na época, St. Denis iniciou carreira solo com a criação da dança *Radha*, a qual foi a encarnação de sua compreensão da cultura e mitologia hindus.

Ruth St. Denis levou a nova dança adiante de duas maneiras significativas. As danças criadas por ela eram interpretações pesquisadas de outras culturas que inseriam novos passos no vocabulário da dança. O desenvolvimento de novos movimentos e a descoberta de novas maneiras de movimentar o corpo são uma parte contínua da forma de arte da dança moderna, uma tradição que remonta a Ruth St. Denis. Sua segunda maior contribuição à forma de arte foi a popularização da nova dança ao levá-la a um número muito maior de espectadores por meio do teatro de variedades. Essa é uma aventura cocriada por ela e Ted Shawn, sobre o qual você aprenderá na próxima seção.

1920-1940: pioneiros

Nos anos 1920, novas danças se tornaram mais solidificadas e se estabeleceram como uma forma de arte por seus próprios méritos. No início dos anos 1930, assumiu a denominação *dança moderna*. Coreógrafos e dançarinos começaram a se identificar como artistas de dança moderna e passaram a escrever em defesa de sua existência como um gênero de dança. Estilos específicos começaram a surgir nesse período ao mesmo tempo que diversos dançarinos e coreógrafos desenvolveram filosofias divergentes de como o corpo se comunica por meio da dança (Tab. 7.2).

Ted Shawn e Ruth St. Denis são, de muitas maneiras, as figuras que ligam as duas gerações de dançarinos – as matriarcas e os pioneiros. Eles são a ponte entre a geração que inventou uma nova maneira de se movimentar e a geração que ajustou essa nova maneira em uma forma de arte. Em suas longas carreiras, eles examinaram a transição de artistas dispersados na nova dança para dentro do movimento que se tornou conhecido como dança moderna.

Ted Shawn

Ted Shawn (1891-1972) nasceu no Missouri. Como muitos homens da história da dança moderna, Shawn não se apresentou como dançarino; na verdade, ele iniciou sua carreira acadêmica como estudante de teologia na Universidade de Denver. Em 1911, assistiu a Ruth St. Denis se apresentar em turnê e ficou tocado por seu trabalho. Em 1914, ele foi a Nova York para estudar com ela e se tornaram parceiros dentro e fora do palco. Casaram-se em 1914, embora a "nova mulher" St. Denis tenha se recusado a dizer a palavra *obedecer* na cerimônia de casamento.

Tabela 7.2 Acontecimentos importantes de 1920 a 1939

1920	Nos Estados Unidos, as mulheres conquistam o direito de votar. Mary Wigman abre sua escola em Berlim.
1923	Moda da dança Charleston.
1924	Gershwin compõe *Rhapsody in blue*.
1925	Scopes Monkey Trial defende o direito de ensinar a teoria da evolução nas escolas.
1926	Martha Graham realiza a primeira apresentação de seu trabalho autoral.
1927	Estreia de *O cantor de jazz*, primeiro filme falado. Primeiro voo solo de Lindbergh pelo Atlântico. Ted Shawn se apresenta no Carnegie Hall.
1928	Alexander Fleming descobre a penicilina. Mickey Mouse é criado. Doris Humphrey deixa a Denishawn.
1929	A queda da Bolsa de Valores de Nova York dá início à Grande Depressão.
1930	Mary Wigman excursiona pelos Estados Unidos.
1931	"Star Spangled Banner" é adotado como hino nacional dos Estados Unidos. Ted Shawn compra a fazenda Jacob's Pillow e lá inaugura um refúgio de dança. Doris Humphrey coreografa *The Shakers*.
1935	Martha Graham coreografa *Frontier* com cenários de Isamu Noguchi.
1936	Katherine Dunham vai ao Haiti para estudar rituais de dança caribenha.
1937	Início da Segunda Guerra Mundial. Estreia da animação *Branca de Neve e os sete anões*.
1938	Primeira aparição do Super-homem nos quadrinhos.
1939	Na Feira Mundial, a RCA apresenta a televisão aos Estados Unidos.

Nos vários anos posteriores, Shawn e St. Denis fizeram três contribuições poderosas ao crescimento da forma de arte conhecida atualmente como dança moderna. A primeira se deu por meio de sua excursão extensiva. Juntos, Shawn e St. Denis criaram *shows* suntuosos que excursionaram pelo circuito do teatro de variedades, reservando 56 semanas de apresentações, entre 1915 e 1916. De 1921 a 1925, sua companhia de dança era a mais bem paga dos Estados Unidos. Isso significava que grandes números de pessoas estavam expostos a essa nova forma de arte. A intimidade de St. Denis e Shawn ajudou a colocar as ideias da nova dança à frente do público geral e a ganhar sua aceitação.

A segunda maior contribuição de Ruth St. Denis e Ted Shawn ao desenvolvimento do gênero foi a criação da primeira escola de dança moderna dos Estados Unidos. Chamava-se Denishawn, uma junção dos sobrenomes de ambos os criadores. Fundada em 1915, ensinaram uma seleção eclética de estilos de dança, inclusive visualização

Ruth St. Denis e dançarinos da Denishawn em meditação de yoga, em 1915.

musical, exercício delsarteano, dança "oriental" para a espiritualidade, técnicas de *ballet*, ioga, meditação e movimentação livre (o que pode ser chamado de improvisação). Um dos aspectos mais importantes da escola era os alunos. Doris Humphrey, Martha Graham e Charles Weidman, que figuram de maneira proeminente no crescimento da dança moderna, conheceram-se e foram treinados na Denishawn.

As contribuições de Ted Shawn como o primeiro dançarino eminente do sexo masculino e sua defesa do papel masculino na nova forma de arte renderam a ele o título de pai da dança moderna. Anos após seu trabalho na Denishawn, Shawn criou uma companhia exclusivamente masculina chamada Ted Shawn e seus dançarinos, que excursionou amplamente, disseminando a ideia de que o novo idioma da dança moderna não servia apenas para mulheres. Também foi Papa Shawn que exigiu que os jornais prestassem atenção à dança moderna e foi, em parte, responsável pelo advento da crítica de dança profissional nos jornais. No entanto, Shawn é provavelmente mais lembrado por ter criado o refúgio de dança Jacob's Pillow, ainda em operação, como um destino para a dança moderna de vanguarda.

Doris Humphrey

Doris Humphrey (1895-1958) nasceu em Illinois. Após uma carreira inicial na dança como professora no Meio-Oeste norte-americano, Humphrey viajou à Denishawn em 1917. Passou dez anos estudando e se apresentando com Ruth St. Denis e Ted Shawn. Lá ela também teve suas primeiras experiências coreográficas, colaborando até com Miss Ruth em dois trabalhos duradouros, *Soaring* (1920) e *Sonata Pathetique* (1920). Ela, ao lado do colega e aluno Charles

> **Você sabia?**
>
> Doris Humphrey era frequentemente desafiada a definir e defender essa nova forma de apresentar dança. Como resposta, ela escreveu *A arte de criar danças*, que articulava os princípios nos quais sua coreografia se baseava.

Weidman, no entanto, se desencantaram de alguma forma da Denishawn. Humphrey também desejava dançar sobre seu legado americano, e não do Oriente, e acreditava que a forma de arte nascente da dança moderna deveria se desenvolver na direção da abstração e do modernismo verdadeiro. Humphrey considerava as danças de Denishawn muito sentimentais e românticas, sem refletir o estilo de vida moderno do século XX.

Após deixar a Denishawn em 1928 com Charles Weidman, Humphrey iniciou uma carreira ilustre como coreógrafa. Ela concentrou-se em coreografias em grupo, em vez do estilo solo, popular na época, e alegava que danças em grupo mostravam o potencial pleno do meio de expressão. Várias de suas danças tinham temas americanos. Seu trabalho *The Shakers* (1931), por exemplo, explorava o mundo daquela seita religiosa extática americana, e sua dança *Day on Earth* (1941) criticava a vida da família moderna.

Um dos princípios essenciais do trabalho de Humphrey é que o movimento é uma atividade que ocorre entre a queda e a recuperação, entre o equilíbrio e a perda dele, entre a inspiração e a expiração. De acordo com Humphrey, padrões de grupos de movimentos consistem em uníssono (fazer a mesma coisa simultaneamente), sucessão (fazer a mesma coisa, mas em momentos diferentes, como em um cânone ou ciclo na música) e oposição (fazer coisas diferentes ao mesmo tempo). Esses termos ainda representam ideias essenciais na dança moderna e no processo coreográfico atualmente. Você aprenderá muito mais sobre Doris Humphrey no Capítulo 8, uma vez que sua técnica perdura nos dias atuais, assim como a de Humphrey-Limón.

Martha Graham

Martha Graham (1894-1991), a dançarina moderna mais conhecida do século XX, nasceu na Pensilvânia. Como Humphrey, Graham foi uma aluna da Denishawn que ascendeu como uma figura central, tanto como dançarina quanto como professora na escola. Ela também deixou Denishawn para seguir sua própria carreira. Em 1927, Graham começou a se estabelecer como artista em Nova York. Seu trabalho baseava-se no princípio delsarteano de tensão e relaxamento, o qual ela adotou e desenvolveu até o conceito de contração e relaxamento (a contração é a tensão de um músculo; a liberação é a energia que resulta do relaxamento do mesmo músculo). A ênfase nesses movimentos frequentemente forneceu ao trabalho de Graham uma aparência distinta e angular, ressoante com muitas formas de arte dos anos 1930. Alguns dos primeiros trabalhos de Graham, como o solo icônico *Lamentation* (1930), no qual Graham dançava a ideia de aflição envolta em uma grande faixa de tecido, fez os críticos lembrarem a arquitetura moderna na cidade de Nova York.

Como Humphrey, Graham desejava fazer danças que refletissem a experiência americana. Muitos de seus primeiros trabalhos, como *Primitive Mysteries* (1931), uma dança sobre rituais religiosos dos nativos americanos, e *Appalachian Spring* (1944), sobre um casamento nas montanhas apalaches, apresentavam imagens idealizadas da vida americana. A última incluía uma casa abstrata e dispersa no palco, criada pelo escultor moderno Isamu Noguchi, que criou cenários para muitas das danças mais famosas de Graham. A conexão íntima de Graham com a arte e a arquitetura modernas dos anos 1930 e 1940 foi outro passo na estabilização da validade da dança moderna como forma de arte séria e outra maneira pela qual a dança moderna e o modernismo estão ligados.

Embora o trabalho de Graham entre os anos 1930 e 1940 fosse marcado por um foco distintivamente americano, seu trabalho posterior apresentou outra característica. Após o divórcio do dançarino Erick Hawkins, Graham começou a explorar o lado mais obscuro da natureza humana. Muitos de seus trabalhos posteriores, como *Viagem noturna* (1947) e *Clytemnestra* (1958), baseavam-se na mitologia grega, provavelmente por causa de seu interesse por psicologia junguiana. Muitos mais eram introspectivos e psicológicos. Diversas danças de Martha Graham perduraram até hoje, assim como sua companhia de dança, situada em Nova York. Muitas outras informações sobre os princípios da técnica Graham aparecem no Capítulo 8.

Graham, assim como sua contemporânea Doris Humphrey, avançou a situação mutante da mulher na sociedade. O próprio fato de essas mulheres terem ocupações eminentes como coreógrafas, professoras e diretoras deixou claro que as mulheres poderiam assumir uma função central no desenvolvimento e na formação da cultura americana.

Mary Wigman

Mary Wigman (1886-1973) nasceu em Hanover, Alemanha. Considerada a pioneira da dança moderna na Alemanha, Wigman foi uma aluna notável de Rudolf von Laban. Como artista, suas peças emocionalmente carregadas eram caracterizadas por movimentos de ajoelhar e agachar, além de um forte senso de gravidade. Muitas de suas coreografias não utilizavam música ou usavam apenas percussão. Uma das maiores contribuições de Wigman para a dança moderna se deu como professora. Wigman abriu uma escola de dança moderna na Alemanha em 1920 e, assim como na Denishawn, muitas inovações posteriores passaram a ser estudadas ali. Os princípios do movimento de Wigman baseavam-se no ritmo e na emoção. Ela desenvolveu frases de dança a partir de ritmos corporais e interessava-se em apresentar a experiência emocional por meio do movimento. As ideias de Wigman chegaram aos Estados Unidos por meio de sua discípula Hanya Holm.

Katherine Dunham

Katherine Dunham (1909-2006) nasceu em Illinois. Quando adolescente, estudou *ballet* em Chicago com Ruth Page e dançou com Ballet Negre, uma das primeiras companhias de *ballet* afro-americanas. Desde o início de sua carreira acadêmica na Universidade de Chicago, onde descobriu uma paixão por antropologia, Dunham procurou sintetizar seu amor por academicismo e dança. Como parte de sua educação, Dunham viajou ao Haiti nos anos 1930 a fim de estudar rituais de dança haitianos. Quando retornou, Dunham criou uma série de apresentações de dança baseadas na cultura e nas práticas do Caribe. A autenticidade de sua coreografia levou um verdadeiro sabor de cultura afro-caribenha aos olhos do público e ao mundo da dança moderna. Sua companhia, Katherine Dunham Dance Company, situada em Nova York, excursionou pelo mundo durante mais de duas décadas. Dunham coreografou não apenas para sua companhia, como também para Broadway e filmes, e ela apresentava a distinção de ser a primeira coreógrafa afro-americana do Metropolitan Opera. Dunham foi uma professora influente, abrindo escolas em Nova York e East St. Louis, onde treinou gerações de dançarinos, inclusive alguns dos mais memoráveis da geração seguinte da dança moderna, como Talley Beatty e Alvin Ailey. Dunham codificou sua técnica, que é uma síntese das formas ocidental, africana e caribenha. Alunos da Dunham School podem

Capítulo 7 · História da dança moderna **109**

se tornar professores certificados em sua técnica, a qual cresceu e evoluiu durante toda a carreira de 70 anos de Dunham como dançarina, professora e coreógrafa. Dunham foi uma pioneira da dança moderna afro-americana, levando a voz da diáspora africana ao desenvolvimento da forma de arte da dança moderna. Embora dançarinos profissionais afro-americanos tenham se alegrado por suas raízes antropológicas africanas e caribenhas, isso também pode ter se devido, em parte, à sua incapacidade de encontrar apoio suficiente como parte da comunidade de dança moderna predominantemente branca. A influência de Dunham, no entanto, reflete em todo o campo da dança moderna para dançarinos de todas as etnias.

1940-1960: segunda geração, os construtores de legado

Nos anos 1940, a dança moderna se estabeleceu como uma forma aceita de apresentação de dança. Dançarinos foram treinados nos diversos estilos desenvolvidos durante a geração de pioneiros (ver Tab. 7.3). Dois artistas e professores proeminentes ajudaram a manter viva a forma de arte da dança moderna, assim como os pioneiros planejaram. Foram eles José Limón e Hanya Holm.

José Limón

José Limón (1908-1972) nasceu no México, embora tenha se mudado para o Arizona em 1915 e vivido o resto de sua vida nos Estados Unidos. Limón estudou pintura até os 20 anos de idade, quando assistiu à sua primeira apresentação de dança e matriculou-se para estudar com Doris Humphrey, em 1929. Esse foi o início de uma colaboração criativa de 30 anos entre os dois artistas. Limón dançou muitas personagens para a Humphrey-Weidman Company, e em um artigo do *New York Times* ele foi aclamado como o melhor dançarino do sexo masculino de seu tempo. Ele iniciou sua própria companhia em 1947, com Doris Humphrey como sua coreógrafa residente. Muitas das danças de Limón, em particular *The Moor's Pavane* (1949), uma releitura abstrata de *Otelo*, de Shakespeare, estão no repertório das principais companhias de *ballet* em todo o mundo. A Limón Company, situada em Nova York, ainda se apresenta e excursiona internacionalmente.

Limón codificou e desenvolveu mais a técnica de sua professora Doris Humphrey, mas não levou em consideração os próprios progressos para se tornar um novo estilo; em vez disso, sua colaboração foi um embelezamento da tradição de Humphrey. Esse é o motivo pelo qual a técnica é conhecida como Humphrey-Limón atualmente. A notoriedade de Limón como coreógrafo e artista ajudou a manter a técnica na vanguarda da educação moderna na qual ainda hoje está compreendida. Muito mais é abordado sobre essa técnica no Capítulo 8.

Hanya Holm

Hanya Holm (1893-1992) nasceu na Alemanha. Holm começou a estudar com Mary Wigman em 1921. Dançarina talentosa, consequentemente se tornou a instrutora-chefe e codiretora da Wigman School, em Dresden, Alemanha. Em 1931, quando Wigman decidiu fundar uma filial de sua escola nos Estados Unidos, Hanya Holm foi enviada para criar e dirigir a American Wigman School. O trabalho de Holm foi intimamente relacionado ao de Laban e Wigman. Ela utilizou seus princípios para explorar o

Dança moderna – Fundamentos e técnicas

Tabela 7.3 Acontecimentos importantes de 1940 a 1959

1940	Fundação do McDonald's.
1941	Ataque a Pearl Harbor. Katherine Dunham coreografa *Rites de Passage*.
1945	Fim da Segunda Guerra Mundial, criação da bomba atômica. Lester Horton coreografa *Salome*
1946	ENIAC, primeiro computador para uso geral, é inventado. O primeiro biquíni é criado.
1947	José Limón funda a José Limón Dance Company.
1948	Alwin Nikolais é indicado para dirigir a Henry Street Playhouse. Lester Horton coreografa *The Beloved*. Hanya Holm coreografa *Kiss me Kate*, na Broadway. A labanotação de Hanya Holms para *Kiss me Kate* torna-se a primeira dança protegida por direitos autorais nos Estados Unidos.
1949	José Limón coreografa *The Moor's Pavane*.
1950	Início da Guerra da Coreia. O primeiro cartão de crédito é apresentado.
1953	Watson e Crick descobrem a estrutura do DNA. Merce Cunningham coreografa *Suite by Chance*. Merce Cunningham forma a Merce Cunningham Dance Company.
1954	*Brown v. Board of Education* põe fim à segregação racial nas escolas norte-americanas.
1955	Jonas Salk desenvolve a vacina para a poliomielite.
1956	Primeira apresentação do Nikolais Dance Theater no American Dance Festival.
1957	Lançamento do *Sputnik I* e início da era espacial. Estreia de *American Bandstand*.
1958	O sinal da paz é utilizado pela primeira vez. A NASA é fundada.
1959	Início da Guerra do Vietnã. Incorporação do Alasca e do Havaí como estados norte-americanos. A boneca Barbie é lançada.

espaço e acreditava que o corpo deveria ser usado como uma ferramenta para expressar emoção. Suas visões sobre ensino, no entanto, a colocaram em desacordo com Mary Wigman. Holm desejava modificar a técnica para se adaptar às mulheres americanas que lá estudavam. A atenção de Mary Wigman às políticas da pré-Segunda Guerra Mundial, inclusive sua afinidade com o movimento nazista, era desagradável às modificações de Holm e à presença de dançarinos judeus que frequentavam as aulas. Ela retirou seu nome da escola, que se tornou conhecida como Hanya Holm School of

Dance, em 1936. Holm, uma educadora genial, considerava as aulas técnicas uma maneira de treinar o corpo sem estilização do ensino. Essa abordagem foi popular entre professores de dança moderna dos anos 1940 e 1950, pois era muito adaptável. Sua popularidade garantiu que os princípios de Wigman e Laban fossem transmitidos para a geração seguinte de dançarinos modernos.

1940-1960: segunda geração, os iconoclastas

Ao mesmo tempo que alunos de pioneiros como Holm e Limón mantinham viva a dança moderna clássica dos pioneiros, novos artistas estavam trabalhando para mudar o que a forma de arte havia se tornado. A dança moderna começou fora da rebelião e seguia aquela tradição. A única diferença foi que, agora, a dança moderna era uma instituição estável o suficiente contra a qual se rebelar!

Embora o amor à natureza e à *art noveau* não estivesse mais na moda, o modernismo ainda era uma força motriz no mundo da arte. A Segunda Guerra Mundial – em especial seu término, com o lançamento da bomba atômica – mudou o mundo, e as artes reagiram a isso. Os direitos civis se uniram aos direitos das mulheres como causa ilustre, e essas questões acarretaram o desenvolvimento da forma de arte. Os primeiros computadores eram desenvolvidos e, ao final daquela geração, encontravam seu caminho na coreografia.

A dança moderna ainda reagia às mudanças e às tendências sociais da época. Isso é demonstrado por meio do trabalho de três coreógrafos iconoclastas. O **iconoclasta** é uma pessoa que desafia a tradição, e esse termo descreve os três artistas que fazem parte da geração seguinte da dança moderna.

Merce Cunningham

Merce Cunningham (1919-2009) nasceu no estado de Washington. Quando era um jovem dançarino, estudou uma variedade de técnicas, inclusive *ballet*, folclórico, sapateado, dança de salão e o estilo de dança moderna Graham. Cunningham, na verdade, dançou com a Graham Company de 1940 a 1945, quando iniciou sua própria companhia, a Merce Cunningham Dance Company. A companhia continuou a existir até sua morte, em 2009. O trabalho de Cunningham ainda perdura, no entanto, por meio de um projeto de legado, que preserva a obra e a disponibiliza para reestruturação por meio de recursos eletrônicos. Pode não surpreender o fato de o legado de Cunningham ser inovador e tecnológico, as marcas registradas de sua carreira inteira.

As danças de Cunningham, em especial aquelas do início dos anos 1950, incorporavam o elemento de acaso. Em *Suite by Chance* (1953), uma moeda lançada nos bastidores definia diversos elementos da peça antes de cada apresentação. Em *Dime a Dance* (1953), a plateia desenhava cartões para decidir a ordem das partes da dança. Essas danças, criadas cinco anos depois do lançamento da bomba atômica, refletiam o senso geral no mundo de que tudo poderia acontecer a qualquer momento. Essa também foi a era dos primeiros computadores, os quais tinham a capacidade de gerar eletronicamente números aleatórios. Uma sensação de aleatoriedade de acontecimentos estava na mente de muitas pessoas, e isso se deu nas danças de Cunningham. A música também incluía elementos do imprevisível. Muitas das danças de Cunningham eram acompanhadas por trilhas sonoras criadas pelo compositor moderno John Cage. Esses ambientes sonoros assimétricos eram criados por meio do uso de computadores ou outros equipamentos eletrônicos. Os dançarinos das peças ensaiavam em silêncio e ouviam a música pela primeira vez na apresentação. Cunningham revolucionou o mundo da dança ao afirmar que a única ligação entre música e dança era que ambas ocupavam o teatro ao mesmo tempo.

Cunningham acreditava que o elemento do acaso e a separação da música e da dança levavam à liberdade na coreografia. Ele não acreditava que a emoção era a motivação para dançar. Ele estava convencido de que o tema da dança era a dança por si só e que o movimento deveria ser considerado esboço móvel, não uma visualização da música nem a expressão de um estado emocional. Muito mais é abordado sobre a técnica Cunningham no Capítulo 8.

As danças de Cunningham também eram marcadas por uma forte conexão com a arte visual, inclusive nos anos posteriores, com a arte da mídia, animação e tecnologia. Os artistas populares mais conhecidos dos anos 1950 e 1960, inclusive Andy Warhol, Robert Rauschenberg e Jasper Johns, eram colaboradores frequentes na criação do trabalho de Cunningham. A natureza cerebral e conceitual da arte moderna espelhava as danças não emocionais, abstratas e conduzidas pelo delineamento que Cunningham criou. Cunningham tipificou a próxima geração de iconoclastas que se concentraram no aprofundamento da abstração.

Lester Horton

Lester Horton (1906-1953) nasceu em Indiana. Suas primeiras experiências como dançarino foram vastas e ecléticas. Ele teve experiências com a cultura nativa norte-americana, teatro musical, boates e apresentações de dança. Ele levou todas essas ideias e experiências para sua coreografia na Horton Dance Theater and School, formada em 1942. O trabalho de Horton era amplamente narrativo e teatral, em geral com traços

Lester Horton ministrando uma aula sobre coreografia.

políticos. Sua dança mais conhecida, *The Beloved* (1948) conta a história de uma mulher adúltera assassinada por seu marido pregador.

O trabalho em si não foi sua única ligação política com a época. No fim dos anos 1930 e início dos 1940, muitas escolas de dança se recusaram a matricular alunos que não fossem brancos. Horton, um apoiador do movimento pelos direitos civis, permitiu que qualquer dançarino frequentasse as aulas. Na verdade, sua companhia foi a primeira totalmente integrada, inclusive com dançarinos afro-americanos, japoneses e caucasianos. Muitos dos membros da sua companhia saíram para criar as suas próprias, a mais famosa delas foi a Alvin Ailey.

Horton também era um educador notável e, com Bella Lewitzky, desenvolveu o que é ainda conhecido como técnica Horton. Muitos de seus alunos célebres da segunda geração, como James Truitte e Joyce Trisler, disseminaram sua técnica em todo o mundo, ainda popular atualmente. Muito mais informação sobre a técnica Horton está presente no Capítulo 8.

Alwin Nikolais

Alwin Nikolais (1910-1993) nasceu em Connecticut. Quando jovem, tocou piano para acompanhar filmes mudos, mas depois assistiu a um concerto de dança apresentado por Mary Wigman e decidiu mudar seu caminho para estudar dança. Ele se tornou aluno de muitos pioneiros, inclusive Hanya Holm, Martha Graham, Charles Weidman e Louis Horst. Em 1948, após diversos anos como assistente de Hanya Holm, Nikolais foi indicado para ser diretor da Henry Street Playhouse, em Nova York. Foi lá que ele fez suas contribuições mais significativas para a arte da dança moderna.

Alwin Nikolais.

Nikolais começou a criar danças de teatro total abstrato. Nikolais não somente coreografou as danças, como também compôs as trilhas sonoras e projetou os cenários, acessórios e figurinos de seus dançarinos. Ele acreditava que dançarinos não eram indivíduos específicos com caracterizações teatrais, e sim pessoas no ambiente do palco. Atribui-se a ele a citação de que a dança é a arte do movimento, não da emoção. As danças de Nikolais levam a abstração do corpo a novos extremos. Dançarinos eram frequentemente cobertos com pedaços grandes de tecido, como em *Noumenon Mobilus* (1953), ou vestiam seus membros com extensões esculturais, como em *Imago Suite* (1963), de modo que o corpo se tornava uma parte móvel do cenário. Seu trabalho é um verdadeiro afastamento dos primeiros pioneiros, os quais consideravam o corpo uma ferramenta de expressão emocional. Os corpos em um trabalho de Alwin Nikolais são partes móveis dentro de uma paisagem imaginária. O trabalho de Nikolais, criado na época dos computadores e da música sintetizada eletronicamente, reflete a ligação do homem e seu ambiente manufaturado.

1960-1980: os sintetizadores

A geração seguinte da dança moderna também refletiria os tempos diversos e caóticos de quando foi criada. Os anos 1960 e 1970 foram um tempo de varrer as mudanças na legislação dos direitos civis nos Estados Unidos, o rápido progresso da tecnologia dos computadores e o início da globalização (ver Tab. 7.4). A dança afro-americana era incorporada pela tendência atual da forma de arte, e os coreógrafos começavam a fundir elementos de muitos estilos diferentes de dança moderna que haviam surgido nas gerações anteriores. Na verdade, a dança moderna estava se tornando conhecida como o gênero de dança caracterizado pela mudança. Os três mestres do gênero, apresentados a seguir, tipificam essas mudanças.

Alvin Ailey

Alvin Ailey (1931-1989) nasceu no Texas. Quando jovem, estudou com Hanya Holm, Martha Graham e Charles Weidman. Estudou composição de dança – ou coreografia – com Doris Humphrey. Sua verdadeira contribuição para a forma de arte surgiu quando se uniu à companhia de Lester Horton, em 1950. Um líder desde o início, Ailey foi nomeado diretor da Horton Company apenas três anos depois da morte de Horton, em 1953. Após cinco anos dirigindo a companhia de Horton na Costa Oeste, Ailey se mudou para o leste a fim de iniciar sua própria companhia de dança, a Alvin Ailey American Dance Theater (AAADT), em 1958. Um coreógrafo extraordinário e inventivo, Ailey criou obras-primas na dança, como sua característica *Revelations* (1960), icônicas da apresentação de dança afro-americana. A companhia foi uma representante da era dos direitos civis na qual foi criada; sua missão é reviver e preservar o trabalho de coreógrafos modernos e ser um repositório da tradição negra na dança e na música americanas. A AAADT é uma companhia de repertório, o que significa que apresenta o trabalho de muitos coreógrafos, não apenas de seu fundador, para cumprir sua missão. Na época em que a dança combina e sintetiza as ideias de muitas pessoas, a AAADT reúne as energias criativas de muitos coreógrafos afro-americanos.

Paul Taylor

Paul Taylor (1930-) nasceu na Pensilvânia. Como Ted Shawn e José Limón antes dele, Paul Taylor não iniciou sua vida adulta como dançarino. Ele estudou pintura na

Tabela 7.4 Acontecimentos importantes de 1960 a 1979

1960	The Beatles é formada em Liverpool. Alvin Ailey coreografa *Revelations*.
1961	Peace Corps é fundada.
1962	Crise dos mísseis em Cuba. Paul Taylor coreografa *Aureole*.
1963	Martin Luther King Jr. faz seu discurso *Eu tenho um sonho*. Assassinato do presidente John F. Kennedy.
1964	A lei dos direitos civis nos Estados Unidos é aprovada. A minissaia é criada por Mary Quant, em Londres.
1965	Twyla Tharp coreografa *Tank Dive*.
1967	O primeiro transplante de coração é realizado.
1968	Assassinato de Martin Luther King Jr. Primeiro Jogos Olímpicos Mundiais Especiais.
1969	Chegada à Lua. Festival de Woodstock. Alvin Ailey American Dance Theater se torna uma companhia sediada na Brooklyn Academy of Music.
1971	Alvin Ailey coreografa o solo *Cry* para Judith Jamison.
1973	Escândalo do Watergate.
1974	O presidente Richard Nixon renuncia. O código de barras é inventado.
1975	Fim da Guerra do Vietnã. Paul Taylor coreografa *Esplanade*.
1976	Twyla Tharp coreografa *Push Comes to Shove*.
1977	Primeira produção em massa de computadores pessoais, inclusive Apple II. Estreia de *Star Wars*.
1979	O *walkman* da Sony é criado.

faculdade e era nadador de competições. Seu amor à arte e à fisicalidade foi combinado quando começou seus estudos de dança, no início dos anos 1920. Os dons de Taylor não demoraram a se desenvolver e, em meados dos anos 1950, ele era solista da Graham Company. Nunca satisfeito com uma técnica apenas, Taylor era também um artista convidado do New York City Ballet. Esse ecletismo é a marca registrada da coreografia de Taylor e o que faz dele o exemplo mais claro da fusão de estilos tão típicos das gerações mais novas de dançarinos modernos. Não havia duas danças de Taylor parecidas. Ele criou trabalhos para a música clássica com um vocabulário de movimento atlético, sem roteiro e elegante, como *Esplanade* (1975); danças para a música popular que envolvem movimentos triviais e dança social, como *Changes* (2008), e dramas de narrativa obscura para música moderna encomendada, como *Big Bertha* (1971). Suas danças abrangem uma notável gama de assuntos, estilos de dança e escolhas musicais. A versatilidade de Taylor é emblemática da variedade de escolhas disponível no mundo atual. A sociedade global oferece exposição a uma variedade de ideias, e a dança moderna de Paul Taylor reflete isso.

Twyla Tharp

Twyla Tharp (1941-) nasceu em Indiana. Estudou uma variedade de estilos de dança e música quando jovem e, depois, se mudou para Nova York para estudar dança no Barnard College. Ela juntou-se à Paul Taylor Company após a formatura, mas não muito tempo depois começou a criar suas próprias danças. O trabalho de Tharp é conhecido por seu uso de grande extensão de espaço, um senso óbvio de ritmo e musicalidade e, em geral, o elemento surpresa. Essas surpresas coreográficas se originam de combinações de movimentos que Tharp reúne. Ela descreve seus movimentos como originados do *ballet*, *jazz*, boxe e de sua própria criação. Deborah Jowitt, crítica de dança, descreve o estilo como "aquisição de uma forte técnica clássica e, então, o aprendizado de como arremessá-lo sem perder o controle" (Mazo, 1977, p. 312). A coreografia de Tharp é apresentada por muitas companhias de dança, as mais notáveis Twyla Tharp Dance Foundation e Hubbard Street Dance Chicago. Além de apresentações de dança, seu trabalho foi visto na Broadway, em espetáculos como *Singin' in the Rain* (1985) e *Movin' Out* (2003), e em filmes como *Hair* (1978) e *Amadeus* (1984). Seu trabalho em filmes e na Broadway ajudou a popularizar seu estilo de combinar vocabulários de movimento incomuns ao mesmo tempo que mantém um senso global de teatralidade e atletismo.

1980-2000: os colaboradores

Atualmente, a forma de arte da dança moderna está próxima de completar um século. A maioria dos pioneiros faleceu. A sociedade na qual a dança moderna existe começa a incluir danças transmitidas eletronicamente pela internet, ou interagindo com a nova mídia. Novas formas, como a dança teatral e a dança pós-moderna começaram a ganhar reconhecimento. Para a dança moderna, os últimos 20 anos do século XX foram um momento de colaboração no processo criativo (ver Tab. 7.5). Embora a dança sempre tenha sido um meio de expressão colaborativo, dependente dos talentos de muitos dançarinos, figurinistas, *designers* de cenário e iluminação, bem como coreógrafos para produzir sua arte, esse é um novo tipo de colaboração. Coreógrafos começaram a utilizar os movimentos e as experiências dos próprios dançarinos para criar seu trabalho. Na geração dos pioneiros, os sentimentos e as ideias do coreógrafo principal de uma companhia eram o tema das danças. No final do século, as ideias colaborativas dos dançarinos se tornaram uma força motriz nos processos criativos de muitos coreógrafos. O trabalho de duas das mais aclamadas companhias de dança da geração seguinte, Pilobolus e Bill T. Jones, são os principais exemplos.

Pilobolus

A **Pilobolus Dance Theatre** foi fundada em 1971, na Darthmouth College, por seis alunos de composição de dança, ensinada por Alison Chase. Embora fundada antes de 1980, a companhia não atingiu o *status* de inovadora até o fim dos anos 1970 e iní-

Tabela 7.5 Acontecimentos importantes de 1980 a 2000

1981	Primeiro voo em órbita de um ônibus espacial. Estreia da MTV. Divulgação dos primeiros casos de AIDS.
1982	*Thriller*, de Michael Jackson.
1983	Criação da Bill T. Jones/Arnie Zane Dance Company.
1985	Primeiro uso da tipificação por DNA.
1986	Desastre do ônibus espacial *Challenger*. Desastre de Chernobyl.
1988	Queda do Muro de Berlim.
1989	Pilobolus coreografa *Particle Zoo*.
1990	Sir Tim Berners-Lee inventa a rede mundial de computadores (World Wide Web). Bill T. Jones coreografa *Last Supper at Uncle Tom's Cabin/The Promised Land*.
1991	O primeiro *website* é lançado.
1993	O primeiro *smartphone* é apresentado.
1994	Fim do *apartheid* e eleição de Nelson Mandela como presidente da África do Sul. Bill T. Jones coreografa *Still/Here*.
1996	A primeira clonagem bem-sucedida cria a ovelha Dolly.
1997	Morte da Princesa Diana. Publicação do primeiro livro da série Harry Potter. Pilobolus coreografa *Elysian Fields*.
1998	Fundação do Google.
1999	O euro é implantado. Massacre de Columbine. Pilobolus cria *Last Dance*, sobre o tema do Holocausto.

cio dos 1980. Nesse período, ela estabeleceu um estilo novo e único de dança moderna. O trabalho pode ser descrito como a criação de esculturas humanas móveis, com o objetivo de gerar efeitos visuais engenhosos e surpreendentes, em geral com senso de humor. A criação de imagens antropomórficas surreais que marcam sua coreografia produziu um estilo de dança moderna completamente novo, agora praticado por outras companhias, como Momix, fundada por um dos criadores originais da Pilobolus, Moses Pendleton. Pilobolus não é apenas popular nos palcos de apresentações de dança, como também tem grande demanda como entretenimento público. Eles fizeram apresentações memoráveis na abertura dos Jogos Olímpicos de 2002 e na cerimônia do Academy Awards.

Não é apenas seu estilo único de movimentação que torna a Pilobolus tão extraordinária, mas também o processo como seu trabalho é criado. Não há um coreógrafo principal na companhia; seus trabalhos são criados de maneira colaborativa por meio

Apresentação da companhia Pilobolus Dance Theatre, em 1996.

da improvisação em grupo. As listas de coreógrafos de seus programas incluem todos os dançarinos presentes quando o trabalho foi originalmente criado. Em anos recentes, a Pilobolus criou o International Collaborators Project, no qual convidam artistas de fora para acrescentar novas ideias a seu exclusivo processo de criação colaborativo.

Bill T. Jones

Bill T. Jones (1952-) nasceu na Flórida. Seu principal trabalho coreográfico iniciou-se como uma companhia em dueto com o parceiro de Jones, Arnie Zane, em 1983. A maioria do repertório criado por Jones para sua companhia de dez integrantes envolve danças com duração de uma noite que tratam de questões sociopolíticas e pessoais. Esses trabalhos são interdisciplinares por natureza, em geral acompanhados por texto e música. O muito estimado *The Last Supper at Uncle Tom's Cabin/The Promised Land* (1990) é um trabalho que representa seu estilo. A peça utiliza movimentos triviais, figurino teatral e comum, texto, música, movimentos de dança, além de uma variedade de tipos físicos para explorar questões raciais em nosso tempo. De maneira semelhante, o trabalho considerado a marca registrada de Jones, *Still/Here* (1994) utiliza as experiências de vida dos participantes em oficinas de sobreviventes que Jones presidiu com portadores de doenças crônicas em onze cidades diferentes. O trabalho de Jones é criado por meio de um processo de descoberta, no qual os participantes contam suas histórias para Jones por meio de palavras e movimentos. O texto e o movimento são então editados e moldados por Jones em um trabalho refinado ao extremo e emocionalmente carregado de dança teatral. O trabalho de Jones condensa o estilo criativo e colaborativo dessa geração da dança moderna, e as próprias questões sobre as quais ele cria danças são emblemáticas das épocas em que Jones coreografa.

Dança no ensino superior

Como aluno de dança, você está conectado à história da dança de duas maneiras. A primeira é que as técnicas aprendidas no estúdio são descendentes diretas das técnicas descritas nesta breve história. Muitas delas permaneceram praticamente inalteradas desde sua criação pelos pioneiros da forma de arte. Muitas aulas em faculdades e universidades, no entanto, não apresentam uma técnica predeterminada. Atualmente, os professores tendem a combinar exercícios por eles aprendidos, de diversos estilos com os quais se depararam em seu treinamento, geralmente criando suas próprias versões destes.

Alunos de dança estão conectados à história da dança moderna de outro modo. A existência de dança em ambientes universitários foi parte integrante do desenvolvimento da forma de arte. Os festivais de verão em que Hanya Holm, Martha Graham, Doris Humphrey e Charles Weidman desenvolveram seu trabalho e lapidaram a estética da dança moderna ocorreram na Bennington College, em Vermont. Na verdade, uma grande parte da agenda de turnês das companhias de Humphrey e Graham, mesmo no início dos anos 1930, incluíam paradas em *campi* de faculdades. Os programas universitários de dança apoiaram o trabalho de alguns dos maiores coreógrafos deste século e continuam a utilizar artistas convidados como um suporte principal de seus programas.

Embora a dança moderna raramente tenha sido bem-sucedida do ponto de vista comercial, tornou-se institucionalizada em faculdades e universidades. Ela cumpre as exigências intelectuais, artísticas e físicas do crescimento da população feminina na educação superior iniciado no fim dos anos 1920 e, ao mesmo tempo, se tornou um espaço em que dançarinos profissionais podem encontrar trabalho; e coreógrafos, criar trabalhos que explorem a mudança política e social sem preocupação com a viabilidade financeira.

Uma história paralela e interseccionada para o aprimoramento da dança moderna na educação é o desenvolvimento do currículo da educação física na educação superior, em especial para mulheres. Desde a primeira parte do século XX, professores de educação física começaram a ensinar o que chamavam de calistenia estética – ou, posteriormente, dança estética – como parte do currículo para o bem-estar físico e mental das mulheres. O educador do fim do século XIX, Melvin Gilbert, projetou isso como uma peça central das experiências com mulheres envolvendo educação física em faculdades. Sua aluna Gertrude Colby começou a utilizar o trabalho de Gilbert também como um experimento de movimento rítmico natural com crianças. Colby lecionou na Columbia University, em Nova York. Ao mesmo tempo, Bird Larson, uma colega de Colby na Barnard College e aluna do método Delsarte, também começou a realizar experimentos com expressão de movimentos rítmicos naturais e música. Ela unificou essas ideias com seu conhecimento prévio sobre educação física corretiva a fim de desenvolver uma abordagem com base científica até obter uma técnica de dança. Margaret H'Doubler, uma professora de educação física para mulheres da University of Wisconsin, foi a Nova York em 1917 para aprimorar-se profissionalmente e descobriu esse método. Tanto Colby como Larson estavam em Nova York ensinando esses métodos quando H'Doubler chegou. Quando H'Doubler estudava em Nova York, entrou em contato com o trabalho dos pioneiros dos primórdios da dança moderna – ou nova dança –, inclusive Isadora Duncan. Ela encontrou uma afinidade entre os objetivos do início da dança moderna e os propósitos da dança estética na educação física. Tanto a dança moderna como a dança estética na educação física utilizavam movimentos para fortalecer e empoderar as mulheres, bem como promover a autorrealização ou autossatisfação. A partir desses métodos e crenças, H'Doubler fundou o primeiro curso de dança na educação superior, na University of Wisconsin, em 1926.

Essa história também explica por que muitos tipos de técnicas de dança moderna começaram a fazer parte do currículo de educação superior. Embora nem todas as formas de dança moderna sejam ensinadas com igual frequência, e a aula eclética seja, provavelmente, a mais comum, muitos dos pioneiros e alunos da segunda geração de pioneiros tiveram ligações fortes com os programas universitários de dança. Suas vozes ainda são representadas por meio dos vocabulários de movimento, exercícios de treinamento e filosofias adotados atualmente.

Importância da dança moderna nos dias atuais

Em toda a história da dança moderna, houve três constantes. Os artistas de cada geração dessa forma de arte reagiram, por meio da criação de movimentos, à época na qual viveram; em cada período, a dança moderna resistiu às tradições do passado; e os artistas da dança moderna constantemente reavaliaram o objetivo e o significado da forma de arte. Todas essas ideias e forças ainda são importantes nos dias atuais. Embora as questões atuais não sejam as mesmas de quando os pioneiros se conectavam ao movimento modernista nas artes, a dança moderna tem a amplitude e a versatilidade enquanto gênero para reagir ao presente. Conforme a crítica de dança Marcia B. Siegel (1969, p. 4) reflete de maneira tão eloquente: "O que há de moderno na dança moderna é sua resistência ao passado, sua reposta ao presente e sua constante redefinição do ideal da dança".

Muitos historiadores de dança moderna acreditam que entramos em uma era de pós-modernidade na dança. A dança pós-moderna, nascida nos anos 1950 por meio do movimento de oficinas de improvisação dos maiores da dança, como Anna Halprin, obtiveram sucesso quando os movimentos triviais e os objetos cotidianos encontraram seu caminho nas danças, exatamente da mesma forma que os objetos cotidianos apareceram na *pop art*, como a pintura famosa da lata de sopa Campbell's de Andy Warhol. Coletivos coreográficos, como os artistas na Judson Church em Nova York, começaram a questionar a relação entre os artistas e a plateia, e entre as apresentações e a vida cotidiana. A estética da dança pós-moderna ditava que a dança fosse conceitual, tinha de imitar a característica cerebral da arte moderna. A dança pós-moderna é uma prima próxima da dança moderna, e, em nossa atual era de fusão global, não há linha que diferencie as duas. Algumas ideias e vocabulários de movimento pós-modernos começaram a fazer parte do léxico da dança moderna e vice-versa. Talvez daqui a uma década alguém escreva que a geração de 2000 a 2020 foi caracterizada por um obscurecimento das linhas entre todos os gêneros de dança. Em sua constante luta para redefinir a dança em si, a dança moderna poderia abarcar essa ideia.

Muitas pessoas acreditam que os termos *dança contemporânea* e *dança moderna* sejam sinônimos. Para os objetivos deste texto, há uma distinção entre eles. O termo contemporâneo significa qualquer dança do período no qual você vive. Portanto, *ballet* contemporâneo, moderno contemporâneo e *jazz* contemporâneo existem. Se você vivesse em 1925, Isadora Duncan estaria fazendo dança contemporânea. A dança moderna, por outro lado, refere-se à árvore genealógica de estilos que refletem o gênero dança moderna e seus valores estéticos. O Capítulo 8 detalha a estética de cinco dos principais estilos de dança moderna ainda ensinados como técnicas distintas atualmente.

Resumo

A história da dança moderna está atrelada às tendências sociais, políticas e artísticas da época na qual foi criada. Iniciada como nova dança na primeira parte do século XX, a dança moderna foi moldada pelo movimento feminista, pelas novas tendências nas artes visuais e pelo amor crescente à abordagem científica. A geração matriarcal de Isadora Duncan, Loie Fuller e Ruth St. Denis inspirou a imaginação do mundo da dança, uma vez que se afastava das tradições do século anterior.

Da mesma forma que o século XX mudou, a dança moderna também o fez. Os anos 1920 a 1930 foram a era pioneira da forma de arte. Eruditos como Martha Graham, Doris Humphrey e Katherine Dunham começaram a moldar e definir o que seria esse novo gênero de dança. Os anos 1940 e 1950, período dos sucessores dos pioneiros, promoveram avanços nessas novas variações estilísticas por meio do trabalho de gigantes da arte como José Limón e Merce Cunningham. De 1960 a 1980, coreógrafos e dançarinos sintetizaram e reexaminaram o trabalho dos pioneiros, levando novos tipos de vocabulários de movimento ao idioma da dança moderna. Ícones como Alvin Ailey e Twyla Tharp são emblemáticos desse período. A última parte do século XX levou adiante o valor da colaboração por meio do trabalho de criadores realmente inventivos, incluindo Bill T. Jones e Pilobolus.

As contribuições de Margaret H'Doubler inspiraram o caráter inovador do currículo da dança moderna na educação superior. A dança moderna continua a ser uma forma de arte importante para o século XXI. Suas características únicas são a resposta aos momentos em que é criada, sua resistência às tradições passadas e a constante reavaliação de sua importância e significado.

8
Cinco estilos principais da dança moderna

Dança moderna é um termo abrangente que abarca muitos tipos diferentes de técnicas de dança, em vez de um estilo de dança coeso. Este capítulo apresenta uma abordagem mais profunda sobre cinco dos estilos de dança moderna: Humphrey-Limón, Graham, Cunningham, Horton e Dunham. As diferenças nesses estilos explicam por que a aula de dança moderna da qual você está participando agora sempre se inicia com exercícios no solo, mas a aula de dança moderna que você fez em seu estúdio caseiro nunca foi assim. Talvez sua aula atual utilize somente bateria e percussão como acompanhamento, mas sua aula do semestre passado utilizou música gravada e seguida atentamente. Essas diferenças entre uma aula de dança moderna e outra podem ser explicadas com a compreensão do histórico do estilo de dança moderna que você está aprendendo. Este capítulo esclarece as crenças por trás desses estilos, de modo que você consiga aproveitar ao máximo sua aula de dança moderna.

Os cinco estilos abordados neste texto representam as técnicas mais comuns. Algumas delas, como Graham, possuem exercícios especialmente prescritos a serem seguidos, chamados sistema de movimentos, considerados técnicas codificadas. Alguns são de autoria de um pioneiro da dança moderna, como Humphrey-Limón, mas não têm um programa específico a ser seguido. Para ambos os tipos de técnicas de dança moderna, você será capaz de compreender o estilo em um nível mais profundo ao esmiuçar suas diferenças e enfatizar as filosofias por trás deles. Essa compreensão é o primeiro passo não apenas para a boa execução dos movimentos, mas também para empregá-los na verdadeira expressão artística. Outros estilos sobreviveram de maneira intacta desde os pioneiros, como a técnica Duncan, baseada no trabalho de Isadora Duncan, mas são ensinados com menor frequência nos cenários da educação superior. É impossível afirmar por que algumas técnicas persistiram e outras não. Alguns dos pioneiros eram mais claros em relação aos métodos de transmitir a tradição; outros escreveram seus próprios livros ou designaram sucessores que foram professores competentes. O fato de essas cinco técnicas terem sobrevivido não significa que são as melhores formas de aprender dança moderna, apenas que são algumas das mais distintas. Uma vez que essas cinco representam tamanha diversidade de pensamentos em relação ao que é a dança, espera-se que, pelo menos, uma abordagem reflita a maneira como você se movimenta, pensa e se expressa.

Cada uma das cinco técnicas abordadas neste capítulo é examinada por suas crenças, em quatro aspectos:

1. Objetivo da dança.
2. Relação do dançarino com o espaço e a gravidade.
3. Em que parte do corpo o movimento se origina.
4. Relação entre dança e música.

Não importa quais exercícios específicos você realiza em uma aula técnica, a maneira como eles são realizados é, de fato, o cerne de qualquer técnica, e não os passos específicos por si sós. Todas as técnicas discutidas utilizam *pliés* e contrações, mas lidam com esses aspectos de maneira diferente, dependendo, por exemplo, da filosofia que há por trás deles. Confie em seu professor e nos pensamentos dos criadores de cada estilo para guiá-lo.

Humphrey-Limón

Minha técnica como um todo consiste no desenvolvimento do processo de perder o equilíbrio e retomá-lo...
O movimento da dança deve ser fundamentalmente dramático, ou seja, humano, e não decorativo, geométrico ou mecânico.
(Humphrey, 2008, p. 6-7)

Se você ama dançar em relação próxima com a música e movimentar-se pelo espaço com uma sensação de perda de equilíbrio, pode ter uma afinidade com o estilo de dança moderna Humphrey-Limón. Essa técnica representa o ensinamento e a filosofia de dois pioneiros da dança moderna, Doris Humphrey (1895-1958) e José Limón (1908-1972). Doris Humphrey, como você viu no Capítulo 7, estudou na Denishawn School, onde recebeu influência de uma variedade de danças. A partir desse treinamento prévio e suas próprias crenças em relação à dança, ela começou a desenvolver uma técnica para treinar dançarinos. Seu aluno mais importante foi José Limón, que se uniu a ela para desenvolver a técnica e trei-

> ## Você sabia?
>
> Humphrey conectou suas crenças ao trabalho do filósofo alemão Friedrich Nietzsche. Ele acreditava que a psique humana tinha dois lados. Um é racional e intelectual (o apolíneo) e o outro é caótico e emocional (o dionisíaco). Humphrey acreditava que a dança moderna, assim como a vida moderna, existia entre esses dois extremos, a que ela frequentemente se referia como o arco entre duas mortes (Humphrey, 2008).

nar dançarinos e professores que perpetuaram o estilo. A filosofia de Humphrey em relação à dança e à vida se entrelaçava com a própria técnica de dança. Não se tratava apenas de um método para treinar o corpo a se movimentar; também foi uma maneira de criar danças, reagir à música e expressar as próprias experiências no mundo. Muitos dançarinos profissionais e faculdades foram treinados nessa técnica, que foi disseminada pelo mundo. O Limón Institute é responsável por autorizar a reelaboração e apresentação do repertório Humphrey-Limón, mas não fornece um programa de treinamento específico para ensinar a técnica. Isso ocorre em grande parte porque o próprio Limón acreditava que a técnica não deveria ser totalmente codificada e preservada como era, mas sim adaptada por professores de modo a suprir as necessidades de seus alunos.

Objetivo da dança

Doris Humphrey e, posteriormente, José Limón, articularam sua teoria de dança ao ministrar aulas, coreografar danças e escrever. Esses artistas acreditavam que o objetivo da dança era explorar e expressar a condição humana. Isso, sem dúvida, justifica por que o famoso crítico de dança John Martin escreveu a respeito de José Limón que vê-lo dançar era como assistir "à transferência por meio do movimento de uma consciência da visão heroica, da experiência humana, da percepção poética" (1953, p. SM 19).

Um dos princípios dessa técnica é que todos os movimentos acontecem entre cair na gravidade e recuperar-se. Isso significa que os momentos mais emocionantes na coreografia acontecem entre estar em equilíbrio, perdê-lo e, depois, recuperá-lo. Essa ideia também se relaciona com a respiração. O movimento ocorre entre a inspiração e a expiração. Conforme afirma Humphrey:

> Todos os movimentos podem ser considerados uma série de quedas e recuperações; ou seja, um desequilíbrio intencional a fim de atingir o progresso, e uma restauração do equilíbrio para a autoproteção. Assim é simbolizada a luta básica da vida para se manter e prosperar. Um instrumento mais dramático ou mais inseparável da experiência humana mal poderia ser imaginado; é inerentemente emocionante e relevante. Quanto mais próximo se aproxima o estado de desequilíbrio, mais emocionante é assistir, e mais prazerosa a recuperação. Essa zona de perigo, que a vida tende a evitar ao máximo, é a zona na qual o perigo mais existe. (Brown, Mindlin & Woodford, 1998, p. 60)

Relação com espaço e gravidade

Por causa de sua crença profundamente instituída de que a dança é um veículo de expressão da condição humana, dançarinos modernos na tradição Humphrey-Limón são criaturas da terra. Em contraste ao mundo do *ballet*, que considera dançarinos como criaturas do ar e valoriza a ilusão do voo, a dança moderna no estilo Humphrey-Limón reconhece a gravidade como a fonte da ligação humana com a terra, bem como uma fonte de energia, e não uma força a ser desafiada. Outro crítico de dança fez a seguinte afirmação após assistir ao trabalho de José Limón:

> Uma das características extraordinárias da dança moderna é o uso da gravidade como força. O solo é uma base firme da qual o dançarino se lança a grandes alturas, apenas para retornar e lançar-se novamente. A interação dos movimentos verticais é uma característica natural que impregna a dança de vida. (Lewis, 1984, p. 35)

Daniel Lewis (1984, p. 35), dançarino de Limón, posteriormente afirmaria que a técnica Limón dizia respeito a "explorar o âmbito total do movimento que existe entre a liberdade da gravidade e a plena subserviência a seu poder".

Origem do movimento

Assim como a maioria dos estilos de dança moderna, o movimento se origina na pelve e na coluna vertebral. Você provavelmente ouvirá a frase *movimentar-se a partir de seu core* ou *movimento iniciado no centro*, em uma aula baseada no método Humphrey-Limón. Isso significa que os músculos do seu abdome, que o ajudam a manter o equilíbrio, envolvem-se em quase todos os movimentos. Você pode esperar isso de uma técnica cuja estética principal relaciona-se à perda e à recuperação do equilíbrio.

A tensão entre a queda e a recuperação resulta, em geral, na ênfase dos movimentos diagonais longos, que os professores dessa técnica chamam de tensões em linha diagonal no corpo (Fig. 8.1). Por exemplo, enquanto seu pé esquerdo está fixo no solo, o braço direito pode estar estendendo-se, além da gravidade. Nesse estilo é dada igual importância tanto às energias descendentes como às ascendentes.

A partir da perspectiva dessa técnica, o corpo é semelhante a uma orquestra. Nessa analogia desenvolvida por José Limón, cada parte do corpo é como uma seção da orquestra. Cada uma deve receber alguma atenção, pois desempenha uma função no tra-

Figura 8.1 Tensão em linha diagonal na técnica Humphrey-Limón.

balho como um todo; no entanto, haverá momentos em que os violinos tocam com mais força ou os trompetes assumem o controle da melodia. De maneira similar, no estilo Humphrey-Limón, seu professor irá enfatizar qual parte do corpo deve ser a mais perceptível em um movimento. Ele pode dizer a você que os braços são o instrumento principal, ou então o tronco, por exemplo. Ouça cuidadosamente e poderá escutar seu professor se referir à parte do corpo que você precisa "deixar cantar" ou "deixar falar". Essa é uma ligação direta com esse conceito que muitos professores bastante hábeis na técnica irão empregar.

A ênfase na queda e recuperação resulta em muitos movimentos de flexão, giro e queda nesse estilo. Permita-se a, de fato, perder o equilíbrio e recuperá-lo para obter uma sensação plena dessa técnica. Muitos dançarinos que são novos no estilo consideram difícil abraçar a ideia de realmente perder o controle e cair. Lembre-se, contudo, de que toda queda tem uma recuperação, portanto, a sensação de cair levemente sem controle é parte da energia desse estilo. Alguns riscos pequenos fazem parte da emoção desse tipo de dança.

Doris Humphrey definiu todos os movimentos como tendo três características: expressões pronunciadas, fluência contínua e repouso. Você pode esperar ver todos os três tipos de movimento em uma aula inspirada no estilo Humphrey-Limón. Na verdade, você perceberá essas características não apenas na última combinação ou no trabalho pelo solo, ao final de cada aula, mas também desde o início dos exercícios de aquecimento. Dançarinos desse estilo são incentivados a encontrar tais movimentos de conexão contínua e expressões pronunciadas durante toda a aula. Uma maneira pela qual as diferenças de movimento são enfatizadas é a respiração. As aulas Humphrey-Limón geralmente irão mencionar que um movimento é realizado em uma expiração ou uma inspiração, e, às vezes, será discutido até o padrão de respiração para uma frase inteira de movimento.

Relação com a música

Seguidores da técnica Humphrey-Limón acreditam que há uma relação muito próxima entre dança e música. Danças coreografadas tanto por Humphrey como por Limón se destinavam à música, às vezes, a trilhas sonoras encomendadas; porém, mais frequentemente, músicas que já existiam. Em danças como *A Choreographic Offering* (1964), que Limón coreografou como um tributo à sua professora Doris Humphrey, ele utilizou a trilha sonora "A Musical Offering", de Johann Sebastian Bach. Muitas das introduções temáticas das frases de dança coincidem com a introdução das frases musicais, e Limón é reconhecido por ter afirmado que "Sr. Bach" está nos dizendo o que fazer. Em *Mazurkas* (1958), um pianista é retratado no palco e reconhecido como parte da dança, demonstrando o respeito e a conexão que a música tem na tradição de Humphrey-Limón. Muitas danças de Limón, como *The Moor's Pavane* (1949) e *The Waldstein Sonata* (1975), até possuem no título o nome da música ou tipo de música dançado.

Embora esse estilo represente uma relação próxima entre música e movimento, Doris Humphrey deixou claro que o conteúdo expressivo da dança era o principal motivo para criar um trabalho, e não a música em si. Em *The Art of Making Dances* (1959, p. 23), Humphrey aconselha todos os coreógrafos a lembrarem que "o coreógrafo é o ouvinte sensível e bem-disposto, mas não o escravo do compositor". Ela recomenda que os coreógrafos sejam musicalmente educados, conheçam a organização da música e sua história, de modo que a música adequada possa ser selecionada, e a comunicação entre dançarino e acompanhante, óbvia. Isso, no entanto, não torna a música a motivação para dançar.

Martha Graham

> *A função da dança é a comunicação... Comunicação não diz respeito a contar uma história ou projetar uma ideia, mas comunicar experiências por meio de ação... além disso, há um uso diferente do corpo como um instrumento, da mesma forma que o violino é um instrumento. O corpo é o instrumento básico, intuitivo, instintivo. Como resultado, um conjunto de técnicas contemporâneas foi desenvolvido.*
> (Brown, Mindlin & Woodford, 1998, p. 50)

A imagem mais icônica da dança moderna para o público geral é, provavelmente, a de uma mulher vestida com um *collant* escuro e apertado, sentada no chão, esticando-se ao alto com o tronco curvado para trás ou sentada em uma das pernas, com os demais membros estendidos, e o olhar, para baixo. Essas são imagens da técnica Martha Graham (1894-1991). Trata-se de dois de seus movimentos característicos: a contração e a posição de ataque, respectivamente. Para muitas pessoas, a dança moderna é sinônimo do trabalho de Martha Graham. Conhecida por suas danças carregadas de teatralidade, rigor, solenidade e emoção, Graham era verdadeiramente original. O conteúdo mítico de seu trabalho era introspectivo em seu envolvimento com as emoções humanas e a exploração pessoal das motivações profundamente arraigadas. A própria Graham descreveu suas danças como estilizadas para representar as épocas nas quais ela as estava criando: "A vida atual é nervosa, mordaz e tortuosa. Ela geralmente para no ar. Isso é o que pretendo com minhas danças" (Mazo, 1977, p. 161).

Além do vigor e da originalidade da coreografia de Graham, ela ficou conhecida por desenvolver um sistema codificado de exercícios que poderiam ser utilizados para treinar dançarinos em seu estilo. Hoje, muito desse sistema de movimentos chega até nós diretamente de Graham, e em muitos lugares ainda é ensinado exatamente da mesma forma. Graham acreditava que a primeira tarefa quando se trabalha com alunos "é ensiná-los a admirar a força – os gestos viris que evocam a única beleza verdadeira. Tentar mostrar que a feiura pode, na verdade, ser bela, se ela gritar com a voz do poder" (Mazo, 1977, p. 162). Foi essa admiração do gestual vigoroso que, em geral, atribuiu ao trabalho uma aparência angular e estilizada. Porém, não é verdade que o lirismo ou o movimento sutil não seja valorizado na técnica. Graham desenvolveu sua técnica ao longo do tempo e suavizou alguns dos exercícios para garantir que os movimentos não fossem excessivamente rígidos.

Objetivo da dança

Graham adotou um ponto de vista psicanalítico sobre a dança. Ela acreditava que o objetivo da dança é iluminar a vida e os conflitos da experiência humana, prestando atenção especial à natureza interior dos humanos. Suas danças eram expressões dramáticas do conflito entre o indivíduo e a sociedade, em uma tentativa de observar as motivações íntimas da humanidade. Graham acreditava que usar a dança para esse propósito traria esclarecimento psicoemocional. Em 1938, Graham escreveu que "Arte é a evocação da natureza íntima dos homens. Por meio da arte descobrimos que o inconsciente do homem – memória humana – é a história e a psique humana colocada em foco" (Brown, Mindlin & Woodford, 1998, p. 50).

Uma vez que o objetivo da dança é traduzir a experiência emocional em forma física, na técnica Graham cada movimento deve ter um significado óbvio e compreensível. Isso não significa que os movimentos devem ser realistas, apenas que a estilização deve ser significativa e reconhecível ao espectador, assim como ao artista. Graham foi clara sobre esse princípio: "Tudo que o dançarino faz, até a coisa mais lírica, possui um significado definido e fixo" (Mazo, 1977, p. 189). Além disso, ela acreditava que o treinamento completo do dançarino proporcionava uma liberdade à sua habilidade de expressar as emoções e as ideias do coreógrafo. Nas próprias palavras de Graham, treinar era o segredo da articulação: "Se você não tiver forma, após determinado período de tempo você se torna inarticulado. O treinamento apenas proporciona liberdade a você" (Mazo, 1977, p. 157). Portanto, o rigor de seu treinamento era parte do objetivo da forma de arte, e Graham acreditava em treinamento rigoroso! Sua exigência por disciplina e atenção totais durante a aula, e sua fúria quando isso não estava de acordo estão bem documentadas. Embora os movimentos da técnica em si não sejam gestos naturais, e sim artificiais, o comprometimento interior com eles e a sinceridade emocional dos dançarinos quando os apresentam são totalmente reais.

Relação com espaço e gravidade

A técnica Graham tinha uma clara relação com o solo e a gravidade. Como os dançarinos Humphrey-Limón, os do estilo Graham são criaturas da terra que respeitam a força da gravidade. No entanto, diferentemente da técnica discutida antes, na qual a força para se afastar da gravidade fornece energia a você e uma busca por equilíbrio, a técnica Graham acredita que a queda é o reconhecimento da força da gravidade. Muitos dos exercícios do sistema de movimentos Graham exigem que o dançarino caia rigorosamente ao chão e são encontrados repetidas vezes durante todo o repertório de Graham. Para Graham, esse não era apenas um ato físico, e sim psicológico. "Nós ensinamos as quedas para a esquerda porque, a menos que você seja canhoto, o lado direito do corpo é o lado motor; a mão esquerda é o desconhecido. Você cai sobre a mão esquerda, para o desconhecido" (Mazo, 1977, p. 157). A exploração do espaço do palco, inclusive o próprio chão, é parte do teor emocional da técnica.

Pelo fato de o espaço poder revelar o teor emocional, de acordo com Graham, o cenário é uma parte integrante da habilidade de uma dança de se comunicar. Quando a coreografia de Graham abordou temas míticos, como nas danças *Clytemnestra* (1958) ou *Viagem noturna* (1947), estas usaram toda a extensão do palco. Quando os temas eram particularmente introspectivos, como em *Errand into the Maze* (1947) ou *Lamentation* (1930), o uso do espaço do palco era mínimo. O espaço em si faz parte da paisagem emocional de uma dança Graham.

Origem do movimento

De acordo com a filosofia de Martha Graham, o movimento é gerado de três lugares: ação de contração e relaxamento, pelve e eu interior emocional. A contração ou o empurrar para trás e a curvatura do tronco, bem como o relaxamento desse movimento com o retorno a um tronco reto são símbolos das dicotomias da vida. É o contraste entre desejo e dever, entre medo e coragem, entre fraqueza e força.

O uso repetitivo da contração e do relaxamento proporciona uma energia rítmica aos movimentos nesta técnica, e sua execução é essencial aos exercícios sentados, deitados ou em pé do método de treinamento (Fig. 8.2). Dessa maneira, o tronco e a pelve são o foco principal do movimento, enquanto os braços e as pernas se movimentam em conjunto com a coluna vertebral.

A série de exercícios conhecida como espirais, realizada na quarta posição sentada, é um ótimo exemplo de como a pelve, fixa ao chão e extraindo sua energia dessa aproximação, é a primeira parte do corpo a se mover (Fig. 8.3).

Graham ensinou aos alunos que o osso do quadril deve se movimentar como uma joia em um movimento de relógio. Isso faz da pelve o ponto de estabilidade e o motivador do movimento. Uma articulação evidente da pelve definitivamente resultará de seu estudo sobre esse estilo de dança moderna. Se o movimento iniciar com uma contração do tronco ou um movimento do osso do quadril, deve ser realizado com força. Tanto o movimento lírico como o dramático devem ser igualmente intensos.

Por causa dessa característica de força e da importância do significado intencional atrás de cada movimento, você poderia afirmar que o movimento na técnica Graham inicia na mente, em especial no subconsciente do dançarino. No estilo Graham, tudo é motivado a partir da vida interior. Se isso não ocorrer, os movimentos se tornam inúteis. Como Graham afirmou, "Essa falta de motivação resultará em movimentos inexpressivos, e movimentos inexpressivos resultam em decadência" (Horosko, 2002, p. 75). Cada movimento da técnica resulta de um impulso emocional. Graham disse a seus alunos que, se você deseja marcar um movimento, marque a fisicalidade, mas nunca o significado dramático.

Muitos dos movimentos da técnica Graham utilizam termos do *ballet*, por exemplo, as posições de pé numeradas e

Figura 8.2 Contração em posição sentada (*a*) e em pé (*b*).

Figura 8.3   Espiral.

os termos *plié* e *relevé*. Quando você frequentar uma aula da técnica Graham, pode esperar ouvir muitos desses termos básicos do *ballet* adotados com regularidade. Embora a técnica Graham fosse, de muitas maneiras, uma rebelião contra o *ballet*, ela, de fato, como todos os primeiros estilos modernos, adotou de alguma maneira um vocabulário de dança clássica. Na técnica Graham, há movimentos voltados para fora, bem como paralelos. Como uma aula de balé, o trabalho em uma aula da técnica Graham respeita sempre a mesma ordem: trabalho de solo, respiração, joelhos, trabalho em pé no centro, trabalho na barra, movimentação no solo. Enquanto o plano de ensino tem uma ordem e estrutura estabelecidos para os exercícios, o número de repetições e se todos os elementos do plano são incluídos em uma aula específica ficam a critério do instrutor.

Relação com a música

Muito do que Martha Graham acreditava no que tange à relação entre dança e música era resultado de sua associação de longa data com o diretor de música da Denishawn, Louis Horst. Ele serviu como conselheiro, mentor e parceiro para Graham durante a maior parte de sua carreira. Ele convenceu Graham de que ela deveria encomendar músicas para suas danças em vez de usar as já existentes – uma prática que ela conservou com regularidade. Graham deu ao compositor um roteiro de ação, atmosfera e ritmo para o trabalho. Ela ouviu partes da trilha sonora enquanto era composta, mas esperou para coreografar o trabalho até que estivesse completamente finalizada. Horst e, consequentemente, Graham, preferiram música moderna como acompanhamento para a dança.

Se a música foi composta ou não especialmente para a dança, Graham, sob a influência de Horst, acreditava que a música deveria ser sublimada para a dança. Conforme o próprio Horst afirmou, "A questão não é quão bom um compositor de dança é, mas o que ele faz pela dança. O compositor-acompanhante deve esperar sacrificar um pouco de sua identidade como músico, quando ele compõe ou toca para a dança" (Mazo, 1977, p. 194). A função da música era apoiar a atmosfera e o teor emocional da peça, e não ser o estímulo que conduz sua criação.

Merce Cunningham

O dançarino se esforça para ter habilidades corporais plenas e equilibradas, para se identificar por completo com o movimento de um modo tão devastadoramente impessoal quanto possível. Não para se gabar, mas para mostrar: não para se exibir, mas para transmitir a ternura do espírito humano por meio de ações disciplinadas de um corpo humano.
(Cunningham, 1997, p. 60)

Até na dança moderna, uma forma de arte de inovadores, Merce Cunningham (1919-2009) ainda se destaca como único. Sua dissociação inovadora entre música e dança resultou em uma maneira totalmente nova de criar coreografias e um modo novo por completo de as plateias assistirem à dança moderna. Além de sua carreira de quase 70 anos como coreógrafo, Cunningham é o criador de uma técnica fisicamente rigorosa utilizada a fim de treinar dançarinos para se apresentarem em sua estética intelectualmente intensa.

Embora as estruturas das danças e o processo de criar a coreografia sejam totalmente diferentes de tudo que os antecedeu, os movimentos que constituem as danças não são desconhecidos. A técnica Cunningham é marcada por grande velocidade e linhas claras. Algo do léxico se parece com o *ballet* clássico; alguns termos são ações triviais, como caminhar ou correr. Os dançarinos treinados no estilo Cunningham são bastante virtuosos. O trabalho, de muitas maneiras, é mais parecido com o estilo de *ballet* neoclássico e abstrato do maior coreógrafo de *ballet* do século XX, George Balanchine, do que com o trabalho de Martha Graham ou de quaisquer outros pioneiros da dança moderna. Há longos saltos horizontais, saltos com impulso e ângulos agudos, todos executados com grande elegância. Há inclinações e quedas, assim como nos estilos Humphrey-Limón e Graham, mas na técnica Cunningham isso é, em geral, obtido por um dançarino que se inclina sobre outro sem curvar a cintura. O estilo é marcado por mudanças rápidas de direção, bem como dança precisa e plenamente comprometida.

Em 1973, a crítica de dança do jornal *Village Voice*, Deborah Jowitt, escreveu que havia conversado com uma criança cuja escola havia assistido a uma apresentação de Cunningham. A criança descreveu o trabalho como "o interior de um relógio no qual tudo se movia ao mesmo tempo, mas em velocidades diferentes, e algumas coisas influenciavam outras coisas" (Mazo, 1977, p. 230). Este é um resumo perspicaz da experiência de assistir a uma apresentação da companhia Cunningham.

Objetivo da dança

Para Cunningham, a dança não era uma expressão da emoção ou da narrativa de uma história. Seu objetivo não era pessoal nem político, era visual. "O movimento por si só é expressivo, independentemente de intenções de expressividade, além da intenção" (Cunningham, 1984, p. 103). Isso significa que o próprio ato de se movimentar como ser humano era expressivo para Cunningham. Um coreógrafo ou dançarino não precisava sobrepor qualquer outro significado aos movimentos. Cunningham é citado com frequência como tendo afirmado que os movimentos não significam nada, e ele criticou abertamente a técnica Graham, na qual foi treinado, por dizer isso. Cunningham acreditava que o movimento era intrinsicamente significativo.

As danças de Cunningham se desenvolvem com intensidade e comprometimento. Este último, no entanto, consiste em fazer com que o movimento seja pleno, e a quietude, completa, sem acrescentar uma emoção humana específica aos movimentos. Isso pode ser difícil para você, caso nunca tenha frequentado uma aula do estilo Cunningham. A execução pura dos passos com um comprometimento pessoal completo será exigida de você, mas resista a tentar executar os movimentos com uma característica emocional específica. Cunningham acreditava que a emoção estava presente na dança porque era realizada por seres humanos que não conseguiam deixar de expressar algumas das que eles possuíam quando estavam em movimento. Essa definição foi suficiente.

As coreografias de Merce Cunningham são frequentemente ligadas ao trabalho dos pintores expressionistas abstratos, em especial Jackson Pollock, cujas pinturas de ação consistem em gotejamentos de tinta sobre a tela. Embora ambos os artistas deixem o observador com muito a interpretar, essa não é, na verdade, uma analogia totalmente precisa. Pollock, como todos os expressionistas abstratos, acreditava que o corpo era uma fonte de expressão, e a abstração nos levaria de volta ao nosso eu mais primitivo, verdadeiro e emocional. Cunningham não estava em busca do eu mais profundo. Ele acreditava que a ênfase tanto para o dançarino como para a plateia deveria ser observar de maneira profunda, e não sentir de maneira profunda.

O trabalho de Cunningham é visualmente complexo. Muitas coisas parecem desconexas, mas, depois, o espectador encontra conexões imprevisíveis. Isso tem sido ligado à sensação da vida urbana contemporânea. Para Cunningham, a dança refletia o modo de vida moderno, e não o subconsciente primitivo. Ele via as pessoas como separadas pela rápida velocidade na qual estão se movimentando e agindo, embora essa separação pudesse terminar exatamente no momento seguinte em que voltariam e fariam coisas juntas. Essa é uma ocorrência frequente em uma dança de Cunningham.

Ele também estava interessado em como o ritmo da tecnologia estava modificando o ritmo da vida cotidiana e dos ritmos pessoais. Ele considerava a tecnologia como um parceiro do processo criativo e utilizava o LifeForms, um *software* de computador, para coreografar diversas danças. Embora Cunningham considerasse seu trabalho evocativo de interações modernas, ele não dizia às pessoas o que observar – isso ficava a critério delas. Cunningham afirmava que elas deveriam observar o trabalho à maneira delas, e não dele.

Relação com espaço e gravidade

A técnica Cunningham possui uma relação única com o espaço em comparação com outras técnicas de dança moderna. Em vez de identificar claramente áreas do palco fortes ou importantes, como a boca de cena (frente) ou palco central, Cunningham descentralizou o espaço. Isso significa que o palco é preenchido com ações diferentes que acontecem em uma variedade de locais, e não há nenhum espaço que seja o foco principal do palco. O uso do espaço torna-se muito menos previsível. Você nunca consegue afirmar exatamente de onde o dançarino surgirá ou onde ele parará no espaço. Isso intensifica o efeito de colagem do trabalho. Itens, como frases de movimento ou duetos e trios, são reunidos não necessariamente para formar um todo coeso, mas para criar algo cujos fragmentos sejam de importância igual. Dessa maneira, o espaço do palco em si relaciona-se à fragmentação da vida urbana moderna. De modo semelhante, não há hierarquia de dançarinos nem dançarino principal na companhia Cunningham, uma vez que não há ação dramática para contar ou abstrair. Todos possuem um solo; todos fazem parte do grupo.

Em relação à gravidade, o trabalho de Cunningham é muito mais vertical do que os outros dois estilos discutidos. As longas linhas de *ballet* da maioria do vocabulário Cunningham faz essa técnica parecer mais flutuante e vertical. A gravidade não é um apoio, tampouco um símbolo de poder; é simplesmente uma força física sobre os dançarinos. A grande preferência vertical dessa técnica se origina de um uso frequente de movimentos clássicos. Cunningham acreditava que utilizar um vocabulário de movimentos artificiais, como aqueles encontrados no *ballet* clássico, libertaria os dançarinos das limitações de seus próprios instintos. Ele não desejava que os dançarinos criassem movimentos idiossincráticos, os quais revelariam muito de seus estados pessoal e emocional. Ele era, no entanto, cauteloso no uso desse vocabulário. Ele não queria que os dançarinos parecessem idênticos – um problema que tinha visto no *ballet* anteriormente. O "problema com a virtuosidade e a técnica", afirmou Cunningham, "é que os dançarinos acabam por depender delas, em vez de dependerem de si mesmos, e todos acabam por parecer o mesmo" (Mazo, 1977, p. 222). Isso se dá, talvez, porque Cunningham introduziu os movimentos clássicos em suas danças com ações triviais para preservar a individualidade de seus dançarinos ao ampliar seu vocabulário de movimento.

Embora Graham e Humphrey considerassem seu relacionamento com a gravidade uma força motriz para criar danças, o relacionamento motriz de Cunningham se dava com as forças do acaso. Cunningham desenvolveu gráficos elaborados que abrangiam uma amplitude de possibilidades para o modo como os movimentos, as frases, o espaço, a quantidade de dançarinos, a ordem das seções e assim por diante poderiam ser organizados em uma dança. Ele então utilizava o jogo de dados, lançamento de moeda e outros métodos de combinações aleatórias para decidir quais opções se tornariam a estrutura da dança. Ele acreditava que o acaso acrescentava complexidade ao trabalho e substituía as decisões estéticas pessoais. Combinações aleatórias tomaram o lugar de impulsos que impressionistas abstratos, como Pollock, teriam atribuído à motivação inconsciente.

Origem do movimento

De acordo com a técnica Cunningham, o corpo funciona a partir de um ponto de equilíbrio na parte inferior da coluna vertebral. Na verdade, as costas e a coluna vertebral são o local exato de boa parte dessa técnica. Cunningham sentiu que o *ballet* se concentrava principalmente nas pernas e que a dança moderna se concentrava nas costas e no tronco. Ele desejava conectar ambos. As costas "agem não apenas como uma fonte para os braços e as pernas, mas, por si sós, podem se enrolar e explodir como uma nascente, podem aumentar a tensão ou o relaxamento, podem girar em seu próprio eixo" (Mazo, 1977, p. 205). Em aula, isso se traduz na inserção do trabalho de perna do *ballet* clássico, com o acréscimo da posição paralela. No entanto, uma aula Cunningham inicia no centro, em vez de na barra, pois isso obriga o dançarino a se concentrar mais na conexão das costas com as pernas, embora se empenhe em manter o equilíbrio. Esses exercícios desenvolvem um novo nível de coordenação da cabeça, dos braços e das pernas, de modo que consigam se movimentar mais rapidamente. Não diferentemente de George Balanchine, que adaptou o léxico do *ballet* clássico para treinar dançarinos a se movimentarem com mais velocidade em sua coreografia, Cunningham adaptou os exercícios de treinamento clássicos para pernas a fim de desenvolver velocidade e clareza.

A aula inicia no centro, com exercícios cujo objetivo é reforçar a importância da conexão das pernas e da coluna vertebral. As costas são aquecidas e, depois, as pernas; então ambas são trabalhadas juntas. Em seguida vêm as rotações e inclinações da coluna vertebral, em pé. Cunningham gostava de realizar o trabalho com a coluna vertebral em pé, pois se relaciona mais intimamente com a maneira como os dançarinos se movimentam na coreografia, uma vez que não são realizadas seções longas no chão na maioria dos trabalhos de Cunningham, o que reforça a verticalidade do estilo.

A técnica Cunningham apela para a clareza do *ballet* em movimentos de pés e pernas, com a coluna vertebral flexível e viradas rápidas do pescoço. A combinação é vivaz e elegante. Essa técnica, na verdade, é mais parecida com *ballet* do que com outras formas de dança moderna, em grande parte por causa de sua exigência de deslocamentos rápidos de peso e alterações de direção. Carolyn Brown, integrante da companhia Cunningham há muito tempo, afirma que o treinamento nessa técnica envolve "treinar o corpo para se movimentar com velocidade, flexibilidade e controle; movimentar-se com o controle contínuo do movimento lento; movimentar-se livre de qualquer estilo específico" (Mazo, 1977, p. 205).

Passar por treinamento técnico que seja livre de estilos, como Brown menciona em seu comentário anterior, é um princípio importante para Cunningham. Quando você estiver em uma aula do estilo Cunningham, esforce-se ao máximo para não estilizar ou personalizar o movimento. Vise à clareza e simplicidade. Embora Cunningham não desejasse autômatos se movimentando em uníssono no palco, ele acreditava que as diferenças naturais nos dançarinos apareceriam sem destaque. Todos os dançarinos são diferentes em anatomia e temperamento, e essa é uma diferença suficiente nessa técnica para diferenciar o movimento de pessoa para pessoa, sem a imposição externa de outro aspecto sobre o trabalho. A liberdade em relação ao estilo idiossincrático é uma marca registada do classicismo.

Cunningham chamava a atenção para o fato de que as aulas poderiam se tornar repetitivas. É necessário repetir exercícios em qualquer estilo para alcançar a maestria. Em vez de considerar isso um dever, Cunningham se referia a isso como uma espécie de meditação. Significa que você precisará dedicar atenção mental, assim como física, à aula. Cunningham destacava que uma aula boa deveria utilizar tanto o intelecto como o instinto para "uni-los de modo que ambos estejam trabalhando em uníssono" (Cunningham, 1984, p. 73).

Relação com a música

Merce Cunningham chocou o mundo da dança ao separar dança e música, bem como ao declarar que elas não possuíam nenhuma relação verdadeira, exceto ocuparem o teatro ao mesmo tempo. É "difícil para as pessoas aceitaram que a dança não tem nada em comum com a música, a não ser o elemento de tempo e divisão de tempo", Cunningham explicou (Brown, Mindlin & Woodford, 1998, p. 91). Para ele, no entanto, parecia notavelmente lógico. "Você não precisa de um ritmo marcado para descer a rua. Você para e vai, e anda mais devagar e mais rápido, e eu tomo minha premissa de um movimento humano de caminhar. Todos nós caminhamos com o mesmo mecanismo, mas todos nos expressamos de maneira diferente, exatamente pelo fato de caminhar. A dança é simplesmente uma extensão, de forma ampla, do caminhar: se não precisamos de uma marcação de tempo para caminhar, não precisamos dela para dançar" (Mazo, 1977, p. 208).

A conexão entre música e dança, no entanto, não é totalmente arbitrária, mesmo na técnica Cunningham. Embora a música não conduza a dança ou a estrutura de nenhuma maneira, ela possui uma relação simbólica com a dança. A trilha sonora para uma dança Cunningham não existe sem o movimento. O motivo para a criação de trilhas sonoras para as danças Cunningham era servirem como acompanhamento da apresentação. E elas não eram composições musicais já existentes. Na verdade, em um exemplo notável, *Signals*, criada em 1970, o compositor Gordon Mumma projetou cintos com sensores para os dançarinos vestirem, os quais produziam som quando os ar-

Movimentos de costas em espiral são comuns na técnica Cunningham.

tistas se movimentavam. Nesse caso, a música não foi simplesmente criada para a dança; era, literalmente, dependente da dança. A música, mais frequentemente composta por John Cage, seguia os mesmos métodos de operações ao acaso em sua criação. Essa é uma sensibilidade compartilhada pela música e pela dança na técnica Cunningham.

De acordo com Cunningham, essa separação de música e dança resulta em liberdade na coreografia. O ritmo do movimento pode se basear em ritmos humanos, ritmos dos dançarinos executando os movimentos. A forma e a duração de uma frase de dança são determinadas pela própria frase, e não pela imposição externa da métrica do compositor. Como Carolyn Brown explica, "o ritmo resulta da natureza do movimento e da natureza do movimento do dançarino individualmente" (Mazo, 1977, p. 208). Seria mais correto dizer que a música e a dança no estilo Cunningham proporcionam à plateia uma opção de foco ou a oportunidade de perceber conexões. É decisão do espectador o que é importante e o que está conectado no trabalho.

Lester Horton

Neste momento, estou sinceramente tentando criar uma técnica de dança baseada totalmente em exercícios corretivos, criada com o conhecimento de anatomia humana... uma técnica que apresente todos os movimentos básicos que comandam as ações do corpo, combinados com um conhecimento da origem do movimento e um senso de estética artística.

(Warren, 1977, p. 66)

As danças de Lester Horton (1906-1953) são experiências de teatro total. Ele utilizava cenários, figurinos, música e movimento para criar seus trabalhos coreográficos, em geral participando da criação de cada elemento. Suas danças eram ricas em imagens e tensões dinâmicas. Horton era conhecido não somente como um influente coreógrafo narrativo, mas também um professor magistral. Influenciado pela cultura nativa americana e muitas outras etnias, Horton utilizava um amplo vocabulário de movimentos para criar sua coreografia. Ele percebeu a necessidade de treinar os dançarinos em sua companhia de modo que fossem capazes de executar esse movimento com clareza e individualidade. Horton foi muito bem assessorado no desenvolvimento da técnica por uma de suas dançarinas, Bella Lewitzky, que posteriormente se tornou coreógrafa por méritos próprios. Lewitzky levou organização e especificidade ao estilo de treinamento, enquanto Horton utilizava seu aguçado senso de observação e sua personalidade carismática para conduzir. O objetivo de Horton na técnica era ajudar cada dançarino a encontrar o que era único em si e expressar isso nos movimentos. A técnica evita maneirismos específicos, como a contração e o relaxamento da técnica Graham, e se concentra em movimentos circulares, alongamentos com oposição e lirismo.

Objetivo da dança

Para Lester Horton, o objetivo da dança era a expressão pessoal e política. Suas danças eram representativas, em geral inspiradas por um acontecimento ou personagem da história. Elas eram, às vezes, emocionais; outras, simples e divertidas. Embora todas tivessem a teatralidade em comum, os movimentos dos dançarinos no repertório Horton sempre mudavam e evoluíam à medida que Horton encontrava novas inspirações. Por causa disso, ele se esforçou para criar uma técnica de dança que não fosse excessivamente estilística.

> ### Você sabia?
>
> Para Horton, a individualidade e a igualdade estendiam-se além das escolhas de movimento. Em uma época em que dançarinos não caucasianos eram proibidos de frequentar aulas em estúdios maiores, Horton abriu suas portas para todos os dançarinos. Ele estava interessado em criar a máscara nativa americana e acreditava que todos os humanos usavam máscaras. Raça ou etnia era simplesmente mais uma máscara que cada pessoa usava. Horton considerava uma função da dança olhar por baixo dela.

Seu objetivo ao desenvolver a técnica era corrigir e melhorar as limitações físicas dos dançarinos, de modo que pudessem adotar uma variedade de alternativas de movimento. Além de disciplinar o corpo, Horton acreditava no comprometimento mental por parte dos dançarinos, incentivando-os a dançar com propósito e encontrar-se no movimento.

Horton também acreditava que a técnica de dança por ele criada precisava ser "verdadeiramente representativa desse vasto país" (Warren, 1977, p. 66). Ele utilizava movimentos baseados no ritual de dança nativa americana para alcançar esse objetivo, assim como uma mente aberta para mudanças. Dançarinos que trabalhavam com Horton durante um período longo geralmente afirmavam que a dança para ele era uma entidade em constante mudança. Horton, um engenhoso inventor de movimentos, era conhecido por nunca ministrar duas aulas exatamente da mesma forma. Isso se reflete no fato de que, até nos dias atuais, embora haja um conjunto de exercícios específicos associado à técnica Horton, a ordem dos exercícios pode variar com base na interpretação do professor em relação ao estilo. O desenvolvimento da individualidade e a flexibilidade para permitir mudanças fazem parte dos princípios de Horton.

Relação com espaço e gravidade

Muitos movimentos da técnica Horton se originaram de sua fascinação pela dança nativa americana. Você pode notar em seu movimento o respeito fundamentado pela terra, bem como a conexão com ritmos de tambores que surgiu do senso estético dos nativos americanos. A técnica Horton não se ligava apenas à terra, mas também ao céu. Os movimentos da técnica são caracterizados por linhas longas e muitas mudanças de nível; até os movimentos de solo nesse estilo envolvem extensões ascendentes. Muitas combinações de solo são repetidas em pé, e também em posição sentada; e presta-se atenção às mudanças de nível. Em outras palavras, muitos dos exercícios praticam a transição de sentado para em pé. Ana Marie Forsythe, dançarina Horton, explica: "A técnica de Horton não é limitada a um conceito de um ou dois movimentos e seus contrastes. A técnica é dinâmica e dramática, desenvolve tanto a força como a flexibilidade, e trabalha com uma energia que está em movimento constante" (Legg, 2011, p. 84). Muito do vigor dessa técnica origina-se das mudanças rápidas e dramáticas na elevação do corpo provenientes do respeito de Horton pela força da gravidade e seu amor pelo céu aberto. Para vivenciar o estilo Horton, em especial o trabalho no chão, você pode ver a seção *I Wanna Be Ready*, da obra-prima de Alvin Ailey, *Revelations* (1960). Ailey, aluno de Horton e notável membro de sua companhia, baseou essa seção em um dos exercícios de solo de Horton.

Além disso, Horton estava interessado em formas claramente definidas (Fig. 8.4). Os exercícios dessa técnica apresentam danças por meio de costas retas, alongamentos laterais, inclinações e agachamentos. Embora formas claras sejam evidentemente favorecidas nesse estilo, Horton estava preocupado não apenas com a forma do corpo, mas como essas formas podem afetar o espaço no palco. O dançarino se apodera dessas formas mutáveis do corpo e se movimenta pelo espaço com elas. Esse entalhe do espaço cria belos espaços negativos na composição da coreografia, o que permite ao dançarino utilizar a energia de movimentos de expansão como parte do visual da técnica Horton. Não é raro observar grandes movimentos com o corpo inteiro realizados de maneira rápida pelo espaço. Embora sua técnica tenha evoluído para treinar dançarinos sem maneirismos, ainda há uma característica de uso extensivo do espaço nesse estilo de dança moderna.

Figura 8.4 O estilo Horton geralmente inclui formas claramente definidas.

Origem do movimento

Não há um local mais significativo de origem para todos os movimentos na técnica Horton. Em vez disso, o estilo preocupa-se mais com a ideia de que você, como dançarino, tenha consciência do espaço específico a partir do qual está se movimentando, que muda dependendo do próprio movimento. Nas aulas de nível iniciante da técnica Horton, muitos professores iniciam o trabalho com a criação de amplitude na coluna vertebral e nos isquiotibiais, mas isso não é necessariamente a fonte de todos os movimentos na técnica Horton. A energia do movimento nessa técnica se origina do contraste das posições em pé e sentada, bem como entalhar o espaço com formas vastas do corpo. À medida que se tornar mais experiente nessa técnica, os exercícios ficam mais longos e mais complexos. Se você assistisse à aula, poderia notar que os dançarinos realizam pequenas coreografias em vez de treinar exercícios. Isso explica por que alguns professores se referem a eles como pequenos estudos, um termo utilizado na música.

Embora professores dessa técnica tenham liberdade na estruturação da ordem dos exercícios em aula, o próprio Horton iniciava sua aula em pé, e não sentado, uma vez que, conforme recorda Forsythe, "Horton acreditava em aquecer o corpo e fazer o sangue fluir rapidamente" (Legg, 2011, p. 84).

Como ensinado pela Ailey School, em Nova York, provavelmente o lugar mais conhecido para fazer aulas, a técnica foi codificada em 17 estudos de fortalecimento. Cada estudo é destinado a uma habilidade ou região diferente do corpo. A aula então continua no solo, com frases de movimento, giros e pulos.

A tradicional aula Horton, conforme explicado por Joyce Trisler, uma das dançarinas originais Horton, inclui movimentos realizados no chão e em pé. Esse trabalho de solo inclui transições para a posição em pé ou até saltos. Horton se movimentou pelos planos de movimento, concentrando-se em como o corpo vai de um nível baixo para um alto e retorna. Essas aulas também incluem estudos em elevação, os quais abrangem quedas, bem como descidas e subidas lentas e controladas. Seus estudos pélvicos, originados dos movimentos étnicos, estão presentes em todas as aulas. Os movimentos das mãos e dos pés são definidos a cada exercício, o que torna muitos dos estudos de coordenação bastante complexos. Embora a técnica não tivesse o objetivo de formar um dançarino em um estilo específico, a aula de Horton tende a desenvolver extensões altas, fluidez de movimento e costas flexíveis.

Horton equilibrou seu treinamento técnico de dançarinos com uma ênfase no lirismo e no senso artístico. Ele desejava ter certeza de que os exercícios não se tornassem técnicos demais e, ainda assim, permitiu que cada dançarino desenvolvesse sua individualidade. Uma via para esse senso de lirismo é a fluência de um exercício para outro, e a fluência de um movimento para outro em cada exercício.

Relação com a música

Há uma relação íntima entre dança e música na técnica Horton. O próprio Horton era musicalmente talentoso e até compôs algumas das músicas para suas danças, portanto você pode esperar seguir a música em uma aula Horton. No início de sua carreira, Horton assistiu ao trabalho de Mary Wigman, o qual era acompanhado por percussão simples, e ele frequentemente utilizou uma variedade de instrumentos percussivos em aula, os quais ele mesmo tinha capacidade de tocar.

Posteriormente, Horton utilizou música para ajudar a estabelecer o tom dramático das danças que criava. Há ligações métricas e líricas com a música no movimento, similares às relações na tradição Humphrey-Limón. Na verdade, há uma ênfase óbvia na técnica, até em níveis iniciantes, quanto ao desenvolvimento de um senso de musicalidade. Horton considerava a reação de um dançarino à música uma parte importante da sua qualidade de desempenho. Embora a coreografia no repertório de Horton fosse inspirada por uma ideia ou um tema, em vez de uma música em si, o uso de música e a habilidade dos dançarinos de reagirem a ela são estéticas importantes nesse estilo de dança moderna.

Katherine Dunham

Meu maior interesse na dança foi uma sensação inconsciente de que se tratava de mais do que um exercício físico; era algo intimamente ligado às pessoas que dançavam e, naturalmente, eu fiquei animada ao extremo com a confirmação dessa teoria que encontrei na etnologia.
(Pierre, 2005, p. 249)

Katherine Dunham tinha interesse na ligação entre dança e cultura. Embora outros dançarinos modernos de sua época estivessem analisando as conexões entre dança e psique, Dunham estava explorando a relação complexa entre dança e cultura, em especial da cultura afro-caribenha. Como pesquisadora de antropologia, Dunham estava tão envolvida em recriar no palco a cultura afro-caribenha que refletisse as descobertas de seu campo de trabalho quanto estava em criar danças originais que criticassem o racismo e as desigualdades políticas da sociedade norte-americana. O primeiro treinamento de Dunham foi no *ballet*, e tanto sua coreografia quanto sua técnica de dança utilizavam algum vocabulário de movimento clássico. Seu trabalho pode ser considerado uma síntese dos movimentos ocidentais clássicos e afro-caribenhos. Há também uma influência das culturas da América do Sul, do Pacífico Sul e do México na técnica e na coreografia.

Katherine Dunham preocupava-se com o estereótipo dominante nos anos 1930 de que os dançarinos negros deveriam dançar "naturalmente", enquanto os dançarinos brancos deveriam ser treinados de maneira clássica. Isso inspirou-a a criar uma técnica codificada e específica para treinamento de dança para todas as etnias. No início dos anos 1940, Lavinia Williams, uma dançarina da companhia Dunham, começou a registrar os exercícios de treinamento específicos que Dunham criou e desenvolveu com o passar do tempo. Dunham dirigiu escolas em Nova York e em East St. Louis, influenciando muitos dançarinos com seus métodos. A técnica Dunham ainda é ensinada em ambos os Katherine Dunham Centers for Arts and Humanities, em East St. Louis, e na Alvin Ailey School, na cidade de Nova York. Professores podem obter certificação no ensino da técnica Dunham.

Além de fornecer treinamento profissional a dançarinos, Dunham acreditava que o estudo sério de dança em sua escola provava aos jovens carentes da cidade, em especial aqueles da escola de East St. Louis, que arte, cultura e autoconhecimento poderiam nutrir sentimentos de autoestima. Ativista política durante toda sua vida adulta, Dunham notou as ligações entre dança e cultura estenderem-se além do palco até o estúdio, utilizando seus métodos de treinamento para fortalecer a juventude. Por consequência, a técnica baseia-se em três princípios filosóficos: autoconhecimento, desapego e discernimento. Autoconhecimento, de acordo com Dunham, significa utilizar movimento para olhar dentro de si e aprender a sobreviver tanto como artista quanto como pessoa. Desapego, nesse contexto, significa despir-se do próprio ego e investir totalmente no movimento. Discernimento significa aprender quando e como realizar mudanças. Seguir esses três princípios farão de você um dançarino, artista e cidadão do mundo dedicado.

Objetivo da dança

Para Dunhan, a dança não é apenas treinamento físico, e sim treinamento de vida. As pessoas dançam porque isso reflete e fortalece experiências de vida. A dança é uma parte da herança cultural e uma maneira de fortalecer indivíduos, bem como grupos de pessoas, que, caso contrário, estariam marginalizados pela sociedade. Dunham começou a criar danças em um momento da história americana em que a segregação racial se fazia presente. Muitas pessoas não tinham experiência direta com indivíduos de outras origens raciais e, por isso, não possuíam nenhum contexto para assistir à sua coreografia. Em virtude disso, Dunham considerava a comunicação intercultural um dos três principais objetivos da dança. As danças de Dunham buscavam conectar o trabalho de campo antropológico realizado por ela com a coreografia criada para o palco. Ao assistir a recriações de danças regionais de todos os lugares do mundo, as plateias poderiam obter uma compreensão e aceitação acerca dos outros.

Outra ideia central no trabalho de Dunham foi a conexão entre forma e função. Dunham não estava somente interessada em reproduzir movimentos de danças do Caribe; ela também desejava recriar danças que mantivessem seu significado cultural original. Dunham tomou emprestados passos de outras culturas em uma tentativa de tornar essas culturas acessíveis a outros espectadores, e não simplesmente acrescentar estilo ou vocabulário de movimento à sua coreografia. Atualmente, muitas danças possuem passos de diferentes origens do mundo, mas empregados fora de seu significado original. A técnica Dunham preserva a integridade cultural original dos movimentos ao reconhecer sua origem e significado dentro da cultura afro-caribenha.

Para Katherine Dunham, outro objetivo da dança era a ideia de que as artes são uma maneira de fazer as pessoas se envolverem mais ativamente em suas comunidades. Ela acreditava que a participação nas artes incentivava o envolvimento em uma comunidade ao aumentar a habilidade de uns se comunicarem com os outros. Dunham acreditava que quanto mais pessoas se envolvessem na comunicação cultural e artística, mais se engajariam nas comunidades e estariam preparadas para assumir a responsabilidade civil. Ela chamou esse objetivo de socialização por meio das artes.

Relação com espaço e gravidade

A técnica Dunham é um sistema de treinamento que integra material tradicional de um contexto cultural com o *ballet* e outras formas de dança estudadas por Dunham durante toda a sua longa carreira. Isso significa que a estética do estilo inclui o uso de linhas clássicas ocidentais do corpo, assim como isolamentos e ondulações encontrados nos estilos afro-caribenhos. O estilo inclui longas linhas corporais e o uso de pernas voltadas para fora, como no *ballet*. Porém, Dunham sentiu que, embora o vocabulário do *ballet* (seu primeiro treinamento) fosse válido, não conseguia expressar tudo o que ela desejava dizer com suas danças. Consequentemente, a técnica Dunham depende muito do movimento caribenho também. Uma grande parte disso é uma maneira firme e vigorosa de se movimentar que se refere à terra como uma fonte de energia. Como na dança africana, há uma ênfase em manter o peso fixo ao solo e ter um poderoso senso de gravidade.

A técnica Dunham apresenta um uso vasto do espaço. Muitas partes da aula percorrem o chão, e combinações ao final da aula geralmente percorrem o espaço. O espaço dentro do corpo também é uma consideração importante nessa técnica. Como explicado na seção seguinte, a atenção concentra-se em diversos centros de movimento no corpo.

Origem do movimento

Na técnica Dunham, o movimento se origina em muitas partes do corpo, em geral simultaneamente. Isso se chama **policentrismo**. Típico de muitos estilos de movimento africanos e afro-caribenhos, essa é uma maneira de dançar em que diferentes partes do corpo se movem de modos distintos ao mesmo tempo. O tronco deve se movimentar em uma trajetória circular, enquanto os quadris se movem para a frente e para trás. Por causa da incorporação de movimentos afro-caribenhos, essa técnica frequentemente inclui mais isolamentos da pelve e ondulações do tronco do que podem ser encontrados em outras formas de dança moderna. Muitos desses exercícios, como as contrações *yonvalou*, adotam movimentos que se originam na pelve ou a utilizam para apoiar o movimento. Dançarinos de *jazz* geralmente encontram similaridades com alguns dos movimentos da técnica Dunham, em especial os exercícios de isolamento.

A técnica Dunham é, em geral, ensinada em um **método acumulativo**. É preciso tempo para garantir que todos os movimentos sejam assimilados, inclusive seu significado cultural e nuances físicas. Os movimentos são, com frequência, ensaiados repetidas vezes. Eventualmente, os movimentos são combinados para criar frases de movimento, exceto, talvez, em uma aula de nível avançado, não será solicitado aos alunos executar frases sem a análise lenta. Uma aula Dunham típica, de acordo com Albirda Rose Eberhardt, codiretora do Institute of Dunham Technique Certification, possui cinco partes: exercícios de respiração, trabalho na barra, exercícios no centro, progressões no chão e uma combinação.

A aula começa com exercícios de respiração realizados no centro ou na barra de *ballet*. Isso determina o tom da aula e dá início ao foco na respiração como uma fonte de movimento. Em seguida, há uma série de exercícios na barra; alguns com o uso dos movimentos tradicionais na barra de *ballet*, como *tendu* e *rond de jambe*, mas muitos são exclusivos da técnica Dunham. Estes incluem costas retas e compressão do peso corporal para a frente, na barra, para desenvolver a força e a resistência do *core*, assim como para reforçar o bom alinhamento. A terceira parte da aula é afastada da barra e acontece no centro, a fim de trabalhar isolamentos. Esses isolamentos do tronco e da pelve desenvolvem força e articulação. A técnica Dunham utiliza movimentos bruscos do tronco e da pelve, bem como ondulações suaves, então é importante treinar esses movimentos. A parte seguinte da aula envolve uma série de progressões no chão – incluindo a exclusiva caminhada Dunham, bem como saltos com joelhos altos, giros e pulos –, todas enfatizando o isolamento e a articulação das partes individuais do corpo e a atenção aos ritmos. A aula termina com uma combinação ou pequena sequência de dança desenvolvida a partir das habilidades desenvolvidas nas partes anteriores da aula.

Relação com a música

O uso da música é extremamente importante na técnica Dunham. A musicalidade complexa é um dos aspectos mais distintos. O movimento policêntrico mencionado anteriormente é estabelecido pela **música polirrítmica**, ou música que possui diversos ritmos. Não é raro em uma aula Dunham, por exemplo, haver bateristas tocando. Um baterista pode estar tocando um ritmo que pode ser contado de 5 a 7, enquanto outro baterista pode estar tocando em uma contagem de 4 a 8, ao mesmo tempo. Isso contribui para a energia estimulante da música e as possibilidades de se movimentar em diferentes ritmos com partes diversas do corpo. Ritmos específicos foram compostos não apenas para a coreografia de Dunham, mas também para a aula técnica, o que contribui para uma conexão essencial entre a música e a dança na técnica Dunham.

Aprendendo a coordenação de braços e pernas na técnica Dunham.

Abordagem eclética

As cinco técnicas abordadas neste capítulo representam alguns estilos distintos de dança moderna que você pode encontrar em aulas técnicas de faculdades ou universidades. O que é comum, no entanto, é uma abordagem eclética à técnica de dança moderna. Isso significa que seu professor pode estar fazendo uso de mais de uma das cinco técnicas abordadas aqui. O professor pode até trazer outras ideias ou vocabulários de movimento da experiência prévia. Uma vez que a ideia por trás da dança moderna é a mudança com o passar do tempo, essa abordagem de ensino não é apenas esperada, como também bem-vinda. Em parte, muitos instrutores escolheram essa maneira de ensinar porque reflete mudanças na dança moderna contemporânea.

Você pode se perguntar por que é importante compreender as diferenças entre cada técnica se seu professor não ensinará um desses cinco estilos puros e acrescentará elementos de diversas abordagens. O motivo é que, quanto mais você souber sobre o histórico de cada exercício de aula – ou seja, de onde vem e o que se pretende ensinar –, mais pode extrair de sua aula técnica. Essa compreensão lhe ajudará a se concentrar na ideia do exercício. Além disso, também auxiliará você a observar o quadro geral das filosofias por trás da dança moderna. Afinal de contas, a questão em torno da aula técnica não é apenas fazer os exercícios, mas também traduzir o que você aprendeu em aula para o palco, para a coreografia ou para o desenvolvimento pessoal. Uma base filosófica forte nas ideias por trás de técnicas variadas na dança moderna pode ajudá-lo a conquistar isso.

> ### Você sabia?
>
> A coreografia da dança moderna no século XX é, às vezes, referida como *bricolagem*. Esse termo diz respeito a uma reunião de objetos encontrados para um novo trabalho de arte. De algumas maneiras, a dança moderna contemporânea adota vocabulários de movimento já existentes (os objetos encontrados, por assim dizer) da dança moderna tradicional (como Graham e Horton) e os reúne com elementos de *ballet*, improvisação, yoga e outras disciplinas de movimento para fazer a coreografia acontecer. Isso significa que uma abordagem eclética ao treinamento pode ser contemporânea e válida.

Muitos professores de dança moderna estruturam suas aulas com base na maneira como foram treinados. À medida que mais e mais professores utilizam uma abordagem eclética, um número maior de dançarinos terá essa experiência. As ideias e os movimentos de muitos outros tipos de dança começaram a surgir sob a chancela da dança moderna dessa maneira, o que mostra que a dança moderna é um gênero imprescindível, em desenvolvimento e contemporâneo.

A maioria das aulas de dança moderna inclui uma parte em pé, no centro; uma parte sentada ou no chão; e outra parte no chão. Uma aula eclética é aquela na qual esses elementos podem ser alterados de uma aula para outra e não segue um formato rigoroso ou preestabelecido, como em um estilo de dança instituído. Aulas ecléticas também podem utilizar um exercício totalmente fora da técnica Graham e, então, usar um da tradição Humphrey-Limón, ou a aula pode incluir exercícios inventados pelo próprio professor. Há vantagens para essa abordagem. Suponha que seu professor deseje desenvolver em você a habilidade de articular a coluna vertebral. Ele pode decidir ensinar as séries em espiral no solo de Graham porque foi comprovado que desenvolvem força e flexibilidade na coluna vertebral. Em seguida, o professor poderia solicitar que você ficasse em pé e realizasse as rotações iniciais da técnica Cunningham, de modo a utilizar essas articulações recém-descobertas em pé. Na combinação do final da aula, o professor pode decidir incluir uma queda ao chão Humphrey-Weidman, uma vez que esta exige costas articuladas. Dessa maneira, seu professor escolhe exercícios comprovados que ajudarão você a desenvolver habilidades específicas.

Práticas somáticas

Coreógrafos e professores de dança moderna contemporânea, frequentemente, não extraem apenas elementos de outras técnicas de dança, mas de outras práticas físicas também. O professor pode desejar utilizá-las além dos métodos, a fim de desenvolver a força ou desconstruir uma habilidade específica. Por exemplo, seu professor pode desejar utilizar exercícios abdominais bem testados extraídos do método Pilates para ajudá-lo a obter força no *core*, da qual você precisará para melhorar o equilíbrio. Talvez seu professor use técnicas de respiração baseadas na yoga para desenvolver sua compreensão do uso da respiração para combinações de dança moderna.

Muitos desses métodos físicos alternativos são agrupados sob o termo *práticas somáticas* ou *terapias corporais*. **Somático**, que literalmente significa "do corpo", é um termo empregado para descrever abordagens físicas que reconhecem a importância da integração de mente, corpo e espírito. Embora este texto não apoie nenhum método para proporcionar imagens visuais ou métodos de treinamento para incentivo a dançarinos ou professores de dança, você se beneficiará com a investigação dessas abordagens. As seis abordagens a seguir estão entre os sistemas de apoio mais populares para dançarinos. Cada uma possui um modo único de observar como a mente e o corpo se conectam, e como você pode utilizar essa informação não apenas para dançar com mais vigor e clareza, mas também para desenvolver seus hábitos de movimento na vida cotidiana.

Técnica Alexander

Essa abordagem ao movimento visa a liberar a tensão muscular desnecessária. O método ensina maneiras de liberar a tensão dos músculos excessivamente retesados, que provoca desequilíbrio ou compressão ao corpo. O objetivo é realizar o trabalho com o mínimo de esforço. Durante uma sessão da técnica Alexander, o professor observará sua postura e padrões de movimento. Ele colocará as mãos no seu pescoço, ombro, costas ou outra parte do corpo para conduzir e aperfeiçoar seus movimentos e respiração.

Feldenkrais

O objetivo do método Feldenkrais é desenvolver uma sensibilidade em relação a padrões neuromusculares e rigidez, bem como aumentar as opções por novas maneiras de se movimentar que ajudarão na flexibilidade e na coordenação. O profissional de Feldenkrais guia os alunos por meio de uma série de explorações estruturadas de movimentos que envolvem refletir e imaginar durante a movimentação. Muitos dos exercícios baseiam-se em movimentos de desenvolvimento e cotidianos, como esticar-se, levantar-se ou sentar-se. Outros exercícios se baseiam em uma exploração mais abstrata do modo como articulações e músculos se relacionam.

Trager

O método Trager é um sistema de educação mente-corpo que consiste em trabalho ativo, no qual o cliente se movimenta, e trabalho na maca, no qual o cliente é passivo, semelhante à massagem. O trabalho ativo chama-se mentástica. No trabalho na maca, o profissional de Trager move o corpo do cliente das maneiras como ele se movimentaria naturalmente, mas com uma característica de toque que ajuda o cliente a vivenciar uma sensação de movimentação livre e sem esforço. O objetivo do trabalho é liberar os padrões de movimento profundamente arraigados, os quais podem ter se desenvolvido como resultado de trauma ou doença, ou em virtude do estresse do dia a dia.

Método Franklin

O método Franklin utiliza o poder da mente para melhorar o funcionamento físico do corpo. Conexões mente-corpo são abordadas por meio de uma síntese entre as ciências orientais e ocidentais. O método consiste em três tipos de atividades: imagens dinâmicas – uma maneira multissensorial de usar o cérebro para guiar movimentos; anatomia experimental – utilizada para desenvolver a consciência física da forma e da função do corpo; e movimentos recondicionados – uma integração das duas atividades anteriores.

Pilates

Essa é, provavelmente, a mais conhecida das abordagens examinadas neste capítulo. Embora o Pilates seja frequentemente incluído como uma prática somática para dançarinos, ele é mais um método de treinamento físico do que uma abordagem integrativa mente-corpo. Baseado no trabalho abrangente de Joseph Pilates, esse método pode ser ensinado tanto em grupos como em sessões de treinamento individuais. Pilates é um método de exercício que utiliza trabalho no colchonete e equipamentos especialmente criados para desenvolver os músculos e o equilíbrio que empregam no corpo. A série sistemática de exercícios é associada com padrões de respiração localizados. O sistema é um complemento importante para a dança, pois evita e reabilita lesões.

Yoga

Ao contrário das práticas somáticas descritas antes, a yoga remonta a tempos antigos, provavelmente ao século II a.C. Originada na Índia, a yoga é uma disciplina espiritual, mental e física que diz respeito à obtenção de um estado de iluminação ou consciência por meio de práticas físicas e meditação. Os aspectos físicos da yoga são bastante diversos; e muitas versões novas e antigas, ou escolas de yoga, existem atualmente, lado a lado. Muitos professores de dança incluem asanas, ou posturas da yoga, como a postura do cachorro olhando para baixo, ao vocabulário de movimento de suas aulas de dança. Outros emprestam da pranaiama, ou técnicas de respiração que fazem parte da prática. Muitos dançarinos mantêm uma prática independente de yoga somada às suas aulas técnicas de dança, como uma maneira de desenvolver a compreensão física de si mesmos e concentrar-se na respiração e concentração.

Identificação da abordagem de seu instrutor

Com a leitura deste capítulo, você pode observar que cada uma das cinco abordagens à dança moderna possui exercícios diferentes, assim como ideias fundamentais diversas. Exatamente como seu professor escolhe exercícios específicos para desenvolver uma habilidade específica, ele também seleciona exercícios que ensinam uma filosofia de movimento. Dança não diz respeito apenas ao desenvolvimento físico, e sim ao envolvimento intelectual. Você pode fazer a si mesmo uma série de seis perguntas, cujas respostas irão esclarecer em qual filosofia de dança seu professor acredita.

1. Onde o instrutor inicia a aula? A aula começa frequentemente no chão ou em pé, no centro? Procure aulas de Graham e Horton para usar muito mais o trabalho de solo do que outras técnicas e iniciar o trabalho de solo antecipadamente em relação à técnica Cunningham.

2. Como o chão é utilizado em combinações coreográficas ou pelo solo? Embora a maioria das aulas de dança moderna utilize o chão para os trabalhos de fortalecimento e flexibilidade, nem todas usarão o solo na coreografia. É improvável que a técnica Cunningham adote isso, por exemplo. Caso seu professor seja treinado na técnica Graham, o solo será o ponto de parada do movimento, mas se seu professor preferir o estilo Humphrey-Limón, provavelmente usará o solo como um trampolim para obter energia. Como você se recorda, os cinco estilos de dança moderna possuem conexões muito diferentes com a gravidade.

3. O que seu professor fala sobre equilíbrio? Professores Humphrey-Limón incentivarão você a perder o equilíbrio, enquanto as aulas Horton e Cunningham lhe incentivarão a mantê-lo. **Suspensão**, ou a habilidade de controlar o auge lento de seu equilíbrio é valorizada por todas as técnicas de dança moderna, mas a queda a partir dessa suspensão será muito mais dramática no estilo Graham.

4. Onde seu professor diz que o movimento se inicia? Ouça cuidadosamente quando as combinações de exercícios e movimento são explicadas e mantenha os olhos abertos durante as demonstrações. Não tome por certo que, pelo fato de o exercício parecer familiar, você já sabe qual movimento deve ser produzido. O professor pode desejar que você imagine que o movimento inicia na porção inferior da coluna vertebral, como no estilo Cunningham, ou pode lembrá-lo de que a pelve é o estímulo para o movimento, como na técnica Graham. Alguns professores dirão que um movimento inicia no seu coração, ou em uma intenção emocional específica, em particular na técnica Graham ou Horton. A imagem visual que o professor utiliza para fazê-lo imaginar onde e como um movimento deve ser executado é um indício do que ele considera belo ou significativo na dança. Certifique-se de incluir isso em sua execução do movimento, pois é crucial para seu desenvolvimento como artista e para garantir que você leve consigo para o palco aquilo que você faz em aula.

5. Como a música é utilizada em aula? Em algumas aulas inspiradas no método Cunningham, é mero som de fundo, o que pode ou não influenciar o ritmo específico de sua dança. Outras aulas, em especial aquelas das tradições Humphrey-Limón e Dunham, irão enfatizar a reação à música de uma maneira pessoal e visual por meio de seu movimento. As aulas tradicionais do método Graham iniciam apenas com percussão.

6. Qual terminologia de dança específica ocorre em aula? Ouça com cuidado os termos exclusivos que fazem parte de cada forma específica de dança moderna. Se você ouvir os termos *queda* e *recuperação*, é provável que haja na aula uma sensibilidade Humphrey-Limón. Se seu instrutor precede saltos rápidos pelo solo que se alternam da direita para a esquerda, você possivelmente está em uma aula inspirada no método Cunningham. Caso esse mesmo movimento possua um deslocamento rápido de estender a mão para cima e a palavra *lampejo* surgir, você está em uma aula Graham. Se ouvir um termo com o qual não esteja familiarizado e que pareça possivelmente originário de um desses vocabulários específicos, questione. Isso dará ao seu professor uma oportunidade para ser transparente em relação às fontes de seu material de aula, algo que ajudará todos os alunos do estúdio.

Resumo

Os cinco estilos de dança moderna codificados discutidos neste texto são Humphrey-Limón, Graham, Cunningham, Horton e Dunham. Cada um desses tipos de dança moderna possui uma abordagem diferente para o objetivo da dança, a relação do dançarino com o espaço e a gravidade, a origem do movimento no corpo e a relação com a música. Muitos professores não seguem estritamente um desses métodos, mas ministram uma aula eclética que incorpora elementos de mais de um estilo. Algumas aulas incorporam outros métodos somáticos ou baseados no corpo para treinamento corporal, como Alexander, Feldenkrais, Trager, Franklin, Pilates ou yoga. Quanto mais você for capaz de reconhecer os movimentos característicos e as filosofias dos estilos tradicionais de dança moderna nas aulas que estiver frequentando, mais será capaz de aprender e aproveitar suas experiências em uma aula técnica de dança moderna.

Glossário

Abdução Movimento de afastamento em relação à linha mediana do corpo.

Abordagem orientada ao processo Forma de aprender ou criar na qual o professor apresenta ideias para exploração que guiam o aluno por meio de seu próprio aprendizado. Essa maneira de ensinar concentra-se no próprio aprendizado em vez de um resultado específico, como uma *performance*.

Ação muscular concêntrica Encurtamento do músculo conforme ocorre o esforço.

Ação muscular excêntrica Alongamento do músculo quando ele se esforça.

Ação muscular isométrica O músculo não é retraído nem esticado quando é empregada força.

Adução Movimento em direção à linha mediana do corpo.

Agilidade Capacidade de mudar de um movimento para outro ou de uma posição para outra, de maneira rápida e eficiente.

Agonista Músculo de contração. Trabalha em contraponto com o músculo antagonista.

Ailey, Alvin (1931-1989) Fundador do Alvin Ailey American Dance Theater (companhia de dança norte-americana Alvin Ailey), que representa, desenvolve e preserva a tradição afro-americana na dança moderna. Conhecido por suas coreografias extremamente populares, atléticas e musicais.

Alinhamento Posicionamento do corpo para a *performance* propriamente dita. Refere-se mais frequentemente à harmonia das articulações, do sistema esquelético ou da coluna vertebral. Os ossos são alinhados de tal maneira que o peso é transferido por meio do centro de cada articulação.

Análise Laban de movimento Um sistema para compreensão e descrição de todos os movimentos corporais desenvolvido por Rudolf von Laban no início do século XX. Esse método ainda é adotado atualmente.

Anatomia Estudo das estruturas físicas do corpo.

Anatomia dinâmica Estudo da estrutura do corpo e de como ele se movimenta. Combina elementos dos campos da anatomia e da cinesiologia.

Antagonista Músculo de relaxamento. Trabalha em contraponto com o músculo agonista.

Anterior Parte frontal do corpo ou de uma parte dele.

Aptidão relacionada à forma física Coordenação, agilidade, equilíbrio, força, tempo de reação e velocidade.

Aptidão relacionada à saúde Força e resistência muscular, flexibilidade e composição corporal.

Arco Movimento da parte superior do corpo no qual os ombros se curvam para trás, enquanto o peito e o esterno se elevam.

Arco forçado Uma posição na qual o dançarino eleva os calcanhares e se equilibra sobre a curva do pé, semelhante ao *relevé*, mas com os joelhos dobrados.

Atenção não plena Estado de pensamento no qual o hábito assume o controle.

Atenção plena Estado da mente em que se está aberto a novas informações, perspectivas múltiplas e novas formas de pensamento, inclusive pensar sobre comportamentos executados previamente. Esse termo foi cunhado por Ellen Langer, psicóloga de Harvard.

Balanço de forças opostas Aplicar a mesma energia em duas partes do corpo opostas uma à outra, por exemplo, o braço e a perna. Essas duas partes do corpo são empregadas a fim de que trabalhem juntas ao tomar distância e estarem uma em relação à outra. Também pode ser a ação de dois dançarinos fornecendo energia dinâmica mutuamente.

150 Dança moderna – Fundamentos e técnicas

Battement tendu   Extensão completa do pé para a ponta esticada enquanto o joelho é mantido reto e o pé em contato com o solo.

Caminhada estilizada   Caminhar rápido e estilizado no qual os pés são apresentados à frente do corpo em vez de diretamente sob as pernas.

Chaîne   Giro com os pés alternados, o qual completa uma volta a cada dois passos.

Chassé   Movimentação de deslocamento de um passo puxado por outro, no qual o pé oposto encontra o pé principal, que então é estendido novamente. O primeiro passo é realizado com o joelho dobrado; em seguida, os pés se encontram no ar no meio desse passo.

Cinesfera   Espaço ao redor de cada pessoa que se estende ao máximo que se pode alcançar em todas as direções.

Cinesiologia   Estudo do corpo em movimento.

Circundução   Movimento que forma um círculo completo.

Composição corporal   Músculos, gordura, ossos e outros tecidos que compõem o peso total de uma pessoa.

Contemporâneo   Que se refere ao momento atual. A dança desse estilo geralmente engloba elementos de dança moderna, *ballet*, *jazz* e *hip hop* para satisfazer as preferências estéticas dos espectadores da atualidade.

Contração   Movimento intenso no centro do corpo (tronco) que contrai os músculos do abdome e curva a coluna vertebral.

Contraponto   Dançarinos realizando ações diferentes ao mesmo tempo em uma coreografia.

Contraste   Distinção de um movimento ou o uso de movimentos diversos para acrescentar variedade a uma dança.

Coordenação   Integração dos sistemas nervoso e muscular a fim de realizar movimentos corporais harmoniosos.

Cunningham, Merce (1919-2009)   Membro da segunda geração de pioneiros da dança moderna. Conhecido pelo uso de combinações aleatórias na criação de coreografias e por isolar a conexão entre música e dança na criação de seus trabalhos. Também é um inovador no uso da música e da tecnologia.

Decúbito dorsal   Posição em que se está deitado com o rosto voltado para cima.

Decúbito ventral   Posição em que se está deitado com o rosto voltado para baixo.

Dégagé   Semelhante a um *tendu*, no entanto o pé com ponta esticado deixa o solo enquanto o joelho permanece reto.

Delsarte, François (1811-1871)   Professor de música francês que desenvolveu um sistema de expressão corporal, o qual se tornou amplamente difundido no início do século XX como uma forma de exercício e expressão.

Demi-plié   Dobrar as pernas com flexão parcial dos joelhos.

Deslizamento   Movimento lateral pelo espaço, com alternância da abertura e do fechamento das pernas e dos pés. Um dos sete movimentos locomotores básicos.

Développé   Semelhante a um *battement*, mas em vez de manter o joelho esticado durante todo o movimento, você estica a perna a partir da flexão do joelho.

Diminuição   Encurtar uma frase do movimento.

Direções de palco   Direções que atores, dançarinos, coreógrafos, diretores e *designers* utilizam para identificar locais no palco: fundo do palco, boca de cena, esquerda e direita.

Duncan, Isadora (1877-1927)   Uma das matriarcas da dança moderna. Conhecida por seus gestos naturais e técnica de dança de visualização musical. Seus trabalhos incluíam movimentos simples para expressar emoções básicas.

Dunham, Katherine (1909-2006)   Uma pioneira na representação da voz afro-americana na dança moderna. Sua coreografia e sua técnica baseavam-se em danças culturais caribenhas.

En croix   Movimento das pernas em forma de cruz: para a frente, para o lado, para trás, para o lado.

Entrelaçamento Inserir elementos diferentes ou novos em *motifs* existentes.

Equilíbrio Tratamento equilibrado ou lógico do tempo de repouso e do tempo de ação em uma dança.

Espaço Termo labaniano para a maneira pela qual uma pessoa se relaciona com o espaço. Pode ser direto ou indireto.

Espaço pessoal Área imediatamente ao redor do corpo quando se mantém no lugar e se movimenta pelo espaço.

Estável Estar completamente equilibrado.

Estrutura coreográfica Arquitetura de uma dança. Estrutura geral utilizada para criar a dança que organiza os *motifs* e as frases desenvolvidas.

Estudo Dança criada como um experimento preliminar para aprender habilidades coreográficas ou como preparação para um trabalho maior.

Expansão Adicionar uma frase de movimento.

Extensão Aumentar o ângulo de uma articulação.

Flexão Diminuir o ângulo de uma articulação.

Flexibilidade Habilidade de movimentar músculos e articulações em sua maior amplitude de movimento normal.

Fluência Característica de continuidade de um movimento. Em termos labanianos, pode ser livre ou preso.

Fluência contida Movimento firme, comprimido ou facilmente interrompido.

Fluência livre Movimento contínuo e difícil de ser interrompido. O oposto de fluência contida.

Força Habilidade de produzir força máxima em um período curto de tempo.

Força muscular Capacidade dos músculos de trabalharem.

Forma ABA Dança com três divisões, estruturada em duas partes, A e B. A primeira divisão da dança, ou parte A, ocorre duas vezes, repetindo-se após a segunda divisão, ou parte B.

Forma natural Uma forma da coreografia que segue um padrão encontrado na natureza, como o progresso das estações climáticas.

Frase de movimento "Sentença" de dança ou um agrupamento de movimentos significativos. Em geral, mais extensa do que um *motif*.

Fuller, Loie (1862-1928) Uma das matriarcas dos primórdios da dança moderna. Utilizava a manipulação de tecidos sob luzes coloridas para criar imagens da natureza.

Galope Trajetória realizada para a frente por meio da alternância da abertura de pernas e pés. Uma das sete habilidades locomotoras básicas.

Gênero Ampla categoria de criações artísticas baseadas em forma, estilo e assunto. Entre os exemplos dos principais gêneros de dança estão *ballet*, moderno, *jazz* e *hip hop*.

Graham, Martha (1894-1991) Uma pioneira da dança moderna. Conhecida por seu estilo dramático de *performance* e pelo desenvolvimento da técnica Graham, na qual elaborou as ideias de contração e relaxamento.

Grande plié Dobrar as pernas com flexão profunda dos joelhos.

Grapevine Padrão de caminhar lateral no qual os pés alternam-se, cruzando na frente e atrás.

Hiperextensão Prolongar a posição natural anterior, por exemplo, curvatura para trás.

Holm, Hanya (1893-1992) Dançarina moderna de origem alemã que trouxe as ideias de Wigman aos Estados Unidos e fundou a Hanya Holm School of Dance, em Nova York.

Horton, Lester (1906-1953) Criador das técnicas Horton e da Horton Dance Company, a primeira companhia de dança norte-americana completamente integrada do ponto de vista racial.

Humphrey, Doris (1895-1958) Uma pioneira da dança moderna e cocriadora da técnica Humphrey-Limón. Desenvolveu o conceito de queda e recuperação, bem como foi a primeira a escrever sobre princípios coreográficos na dança moderna.

Iconoclasta   Pessoa que se posiciona contra a tendência e desenvolve ideias ou comportamentos novos e significativamente diferentes.

Improvisação   Solicitar aos dançarinos que criem os próprios movimentos. O pedido é, em geral, estruturado de alguma maneira ou segue procedimentos específicos.

Inclinação   Posição em pé na qual os ombros permanecem sobre os quadris, os braços são estendidos, afastando-se do corpo na altura do ombro, e todo o corpo se desloca para uma perna sem curvar o tronco.

Instável   Estar sem equilíbrio; falta de equilíbrio.

Intensos   Movimentos nos quais há muita firmeza e força, ou indulgência na gravidade no esforço de peso. O oposto de leveza.

Jones, Bill T. (1952-)   Coreógrafo e dançarino contemporâneo conhecido por criar trabalhos com temas sociais e políticos.

Laban, Rudolf von (1879-1958)   Ator e diretor de *ballet* húngaro que criou um sistema para analisar e registrar as maneiras específicas nas quais o corpo pode se movimentar.

Lateral   Parte do corpo mais distante da linha mediana do corpo.

Leap   Saltar ao mesmo tempo que se transfere o peso de um pé para o outro enquanto se movimenta pelo espaço.

Lesão aguda   Lesão que ocorre de repente durante a prática de uma atividade física, ou lesão tão grave que impede a realização de um movimento específico.

Lesão crônica   Lesão constante ou recorrente na mesma parte do corpo por um período prolongado.

Ligamento   Tecido que une ossos a outros ossos.

Limón, José (1908-1972)   Coreógrafo e dançarino de origem mexicana da segunda geração da dança moderna. Desenvolveu a técnica Humphrey-Limón com sua professora Doris Humphrey e fundou a José Limón Dance Company.

Lírico   Fluido, realizado com um senso de fluência contínua. Movimento que não é preciso nem interrompido. Alguns estúdios e competições classificam coreografias ou aulas com esse título. Nesse contexto, pode se referir a um estilo fluido de dança moderna ou um estilo fluido de *ballet* moderno realizado sem sapatilhas de ponta.

Locomotores   Movimentos que percorrem o espaço, como caminhar ou correr, saltos, galopes, deslizamentos, pulos e giros estilizados.

Macronutrientes   Ligações químicas dos alimentos que fornecem combustível para o corpo. Consistem em carboidratos, proteínas e gorduras.

Marcação   Realizar uma sequência de movimento menor ou com menos intensidade. Pode ser feita para revisar e auxiliar a memória sem cansar o dançarino ou para mantê-lo seguro em caso de lesão.

Medial   Parte do corpo mais próxima da linha mediana.

Memória visual   Habilidade de lembrar o que vê. Na dança, isso geralmente se refere a lembrar sequências de movimentos que você viu.

Método acumulativo   Método que consiste em aprender muito bem pequenos movimentos, acrescentando outros à medida que avança de nível.

Motif   Pequena sequência do movimento que expressa uma ideia central ou tema da dança.

Movimento semelhante a arco   Movimento do braço ou da perna no qual o membro se move como um todo, traçando um caminho curvilíneo no espaço.

Movimentos diretos   Gestos ou movimentos nos quais a trajetória do corpo ou parte dele são precisos e claros. O oposto de movimentos indiretos.

Movimentos indiretos   Gestos ou movimentos nos quais a trajetória do corpo ou de uma parte do corpo é ondulatória ou multidirecional. O oposto de movimentos diretos.

Movimentos locomotores básicos   Sete maneiras fundamentais de percorrer o espaço: caminhar, correr, saltar, pular, deslizar, galopar e saltar alternado (*skip*).

Música polirrítmica   Apresenta diversos ritmos em uma única música.

Não locomotores   Movimentos estacionários (que não percorrem o espaço).

Nikolais, Alwin (1910-1993)   Fundador do Nikolais Dance Theater. Conhecido por seu uso extensivo e inovador de acessórios, estabelecidos como elementos integrais na coreografia.

Nível   Distância do dançarino em relação ao solo, em movimento ou em repouso. Descrito como alto, médio ou baixo.

Obra-prima   Uma criação artística que representa mais claramente a época, o gênero, a sociedade ou o artista que a criou.

Paralela   Usar as pernas com os dedos dos pés voltados para a frente e os joelhos alinhados sobre aqueles.

Pé flexionado   Dedos dos pés apontados para cima, formando um ângulo reto no tornozelo.

Peso   Termo labaniano para o efeito da gravidade no corpo. O peso pode ser intenso ou leve.

Pilobolus Dance Theatre   Companhia de dança que realiza apresentações extremamente atléticas e visualmente impressionantes por meio da colaboração do grupo.

Plano horizontal   Também conhecido como plano da mesa (imagine a limpeza de migalhas em uma mesa). Esse plano engloba de um lado a outro (dimensão horizontal) e alguns movimentos para a frente e para trás.

Plano sagital   Também conhecido como plano de roda (pense em como uma roda gira na rua). Composto de para a frente e para trás (dimensão sagital) e alguns movimentos de um lado a outro.

Plano vertical   Também conhecido como plano da porta (imagine ficar em pé junto à porta e esticar os braços e as pernas para os cantos). Esse plano é composto de cima e baixo (dimensão vertical) e alguns movimentos de um lado a outro.

Planos dimensionais   Três planos de espaço que se encontram no centro de determinado espaço ou cinesfera: plano horizontal (mesa), plano vertical (porta) e plano sagital (para a frente e para trás ou roda).

Plié   Termo francês para dobrar os joelhos.

Policentrismo   Movimento originado em diversos lugares ou centros do corpo, como quadris, costelas e pescoço, ao mesmo tempo.

Ponta esticada   Dedos dos pés esticados para a frente, formando uma linha reta a partir da canela.

Posição anatômica   Posição em que o corpo está ereto, os pés voltados para a frente e as mãos nas laterais, levemente afastadas do corpo, com as palmas voltadas para a frente de forma que os polegares apontem para fora.

Posição rotacionada para fora   Rotação das pernas até 180°. Os pés e as pernas são girados para fora do centro da linha do corpo, tanto quanto os quadris permitirem.

Posterior   Parte traseira do corpo ou dorso de uma parte do corpo.

PRICE   Sigla para um método de curar uma lesão. As letras representam proteção, repouso, gelo (*ice*), compressão, elevação (e diagnóstico).

Primeira posição dos braços   Ambos os braços ficam abaixados nas laterais do tronco, em uma curva suave.

Primeira posição no solo   Uma posição na qual o dançarino está sentado com as duas pernas estendidas à frente e as costas eretas, formando um ângulo reto com o corpo.

Primeira posição ou primeira posição rotacionada para fora   Posição dos pés e das pernas na qual os calcanhares permanecem unidos, e os dedos dos pés e as pernas ficam voltados para fora, a partir do quadril, o mais próximo possível de um ângulo de 180°.

Primeira posição paralela   Posição dos pés na qual os dedos estão voltados para a frente do corpo, o peso uniformemente distribuído em ambos os pés, e estes posicionados sob os quadris.

Princípios estéticos   Regras que determinam crenças fundamentais em relação ao que é belo ou satisfatório aos sentidos.

Processo criativo   Exploração de soluções únicas para problemas complexos, inclusive a criação de trabalhos artísticos, novas invenções, ideias ou estratégias.

Propriocepção Capacidade do corpo de sentir a posição, local, orientação e movimento de suas partes.

Pular (*jump*) Saltar para cima e para baixo em ambos os pés ao mesmo tempo. Um dos sete movimentos locomotores básicos.

Pulso O ritmo da música, em especial como as batidas são divididas em medidas.

Quarta posição dos braços Um braço é mantido em um ângulo de 90° em direção à lateral do tronco, enquanto o outro braço está sobre a cabeça. Ambos os braços fazem uma curva sutil nos cotovelos e punhos.

Quarta posição no solo Posição sentada com a perna dobrada para a frente e paralela aos espelhos ou à parede frontal do estúdio, enquanto a segunda perna faz um ângulo reto em relação à outra. O pé à frente toca o joelho da outra perna. Pode ser realizado para ambos os lados.

Quarta posição ou quarta posição rotacionada para fora Posição dos pés e das pernas na qual as pernas são giradas para fora e um pé é posicionado de modo que o calcanhar do pé à frente fica a cerca de 30 centímetros do dedão do pé oposto.

Quarta posição paralela Posição dos pés em que os dedos dos pés estão voltados para a frente do corpo, com um pé à frente do outro, de modo que o calcanhar do pé à frente está levemente à frente dos dedos do pé de trás. Pode ser repetido em ambos os lados.

Quinta posição dos braços Ambos os braços são mantidos sobre a cabeça com uma leve curva em direção ao punho e ao cotovelo. O dedo médio da mão fica alinhado à linha do cabelo, na testa, ou suavemente para trás.

Quinta posição ou quinta posição rotacionada para fora Posição dos pés e das pernas na qual as pernas são giradas para fora e um dos pés é posicionado de modo que o calcanhar do pé que está à frente é disposto contra o dedão do pé oposto.

Rápidos Movimentos de duração curta dentro de um esforço de tempo. O oposto de sustentados.

Rebound Reagir ao *momentum* natural do movimento. Com frequência, isso significa retomar o sentido oposto do movimento.

Reflexão Ato de pensar sobre suas próprias ações, progressos, hábitos e comportamentos. Pode ser uma ferramenta eficaz para a melhoria técnica e a avaliação do progresso.

Relaxamento Retornar a uma posição neutra após uma contração ou arco.

Relevé (demi-pointe) Apoiar-se nos arcos dos pés com os calcanhares afastados do solo.

Repetição Repetir todas as partes de uma frase de movimento ou *motif*.

Resistência cardiorrespiratória Medida da resistência e da eficiência do coração e dos pulmões.

Resistência muscular Período de tempo em que você convoca um músculo ou grupo muscular específico para trabalhar.

Rondó Uma forma musical e dança em estrutura de verso e refrão, seguindo a forma ABACADA, na qual o refrão a representa. Pode ser repetida com qualquer número de versos.

Rotação 1. Rotação das pernas e dos pés para fora a partir da linha mediana do corpo. 2. Voltar a superfície anterior do músculo para dentro ou para fora.

Saltar (*hop*) Saltar para cima e para baixo em um pé. O peso não é transferido de um pé para o outro. Um dos sete movimentos locomotores básicos.

Salto alternado (*skip*) Movimento pelo espaço com alternância de um passo e um salto. Um dos sete movimentos locomotores básicos.

Segunda posição dos braços Ambos os braços mantidos em um ângulo de 90° voltado para o tronco, com uma leve curva para os cotovelos, a palma voltada para a frente ou sutilmente inclinada para baixo.

Segunda posição no solo Sentar-se ereto no solo, as pernas abertas o máximo possível, sem girá-las para dentro.

Segunda posição ou segunda posição rotacionada para fora Posição dos pés e das pernas na qual os pés são posicionados suavemente mais abertos do que os quadris, as pernas giradas.

Segunda posição paralela Posição dos pés em que os dedos estão voltados para a frente do corpo, e as pernas, sutilmente mais afastadas do que os quadris.

Senso cinestésico (propriocepção) Habilidade de unir absorção sensorial e experiências passadas para guiar seu corpo em movimento. Esse é o senso que permite imitar movimentos vistos e movimentar-se com base na imaginação.

Senso espacial Habilidade de compreender como seu corpo é orientado no espaço e como as partes de seu corpo são posicionadas em relação ao espaço e uma à outra.

Sentada do alfaiate Posição sentada com as solas dos pés voltadas e tocando uma à outra, semelhante à posição borboleta.

Shawn, Ted (1891-1972) Pioneiro dos primórdios da dança moderna conhecido por promover os homens na dança moderna. Cofundador da primeira escola de dança moderna, Denishawn.

Somático Em sentido literal, "do corpo", porém, mais comumente, práticas físicas que reconhecem a integração de mente, corpo e espírito.

St. Denis, Ruth (1879-1968) Uma das matriarcas da dança moderna. Conhecida por introduzir o vocabulário da dança oriental no léxico da dança moderna. Também ajudou a popularizar a dança moderna por meio da ampla exposição no teatro de variedades (*vaudeville*).

Suave Movimento que apresenta efeito menos aparente da gravidade no esforço de peso. O oposto de intenso.

Sucessivo Movimento que articula ou dobra cada articulação pela trajetória. No caso do braço, isso significa movimentar o ombro, o cotovelo e, depois, o punho, em sequência ou ao contrário. No caso da perna, isso significa movimentar o quadril, o joelho e, depois, o calcanhar ou o contrário.

Suspensão Habilidade de controlar o momento auge do equilíbrio.

Sustentados Movimentos de duração longa dentro do esforço de tempo. O oposto de rápido.

Swing de braços Movimento no qual o braço cai em reação à gravidade, de cima para baixo ou de um lado a outro.

Swing de pernas Movimento da perna de cima para baixo, de baixo para cima, ou de lado a lado, o qual reage ao movimento de gravidade.

Swing do corpo Movimento da parte superior do corpo, para a frente e para trás ou de um lado a outro, em resposta à gravidade.

Taylor, Paul (1930-) Fundador da Paul Taylor Dance Company. Amplamente conhecido por sua grande variedade de estilos coreográficos, temas e escolhas musicais.

Tema e variações Uma forma de dança em que o coreógrafo desenvolve uma frase temática ou material de movimento e o modifica em toda a composição.

Tempo 1. Termo labaniano para nossa percepção de quão rápido ou lentamente nos movimentamos. O tempo é rápido ou sustentado. 2. Andamento; velocidade na qual um movimento ou música é executado.

Tempo de reação Quão rapidamente o corpo reage a um impulso ou estímulo.

Tendão Tecido que une os músculos aos ossos.

Terceira posição dos braços Um braço é mantido em ângulo de 90° voltado para a lateral do tronco, o segundo, em frente ao peito, com o dedo médio alinhado ao esterno. Ambos os braços curvam-se suavemente no cotovelo e no punho.

Terceira posição ou terceira posição rotacionada para fora Posição dos pés e das pernas em que as pernas são giradas para fora e um pé posiciona-se de modo que o calcanhar bifurca na linha mediana do pé oposto.

Tharp, Twyla (1941-) Fundadora da Twyla Tharp Dance Foundation. Coreógrafa criativa e comercialmente bem-sucedida, conhecida por sua fusão de vocabulários de dança e ritmos complexos em suas coreografias.

156 Dança moderna – Fundamentos e técnicas

Three-step turn   Giro que alterna os pés enquanto giram. O primeiro passo o faz voltar-se para trás, o segundo, de volta para a frente e o terceiro conclui o giro dobrando o joelho de modo que é possível repetir o giro para o lado alternado.

Torção   Movimento do tronco no qual os ombros se movem na direção oposta aos quadris.

Triplet   Série de três passos, em geral com o padrão de baixo-cima-cima. No passo baixo, os joelhos estão flexionados, enquanto nos passos cima os joelhos estão eretos, e o calcanhar, elevado.

Unidade   Coesão ou consistência em uma dança.

Uníssono   Todos se movimentando juntos, fazendo a mesma coisa simultaneamente.

Variação   Elaborar uma frase por meio da adição de elementos ao movimento.

Variedade   Usar muitos tipos de movimentos e formas em uma dança.

Velocidade   Habilidade de impulsionar o corpo de um lugar para outro.

Vocabulário de movimento   Passos, gestos e formas específicos do corpo que constituem a dança. Os blocos de construção de uma dança em particular ou coreografia.

Vocação artística   Habilidade única de cada pessoa de explorar no mundo questões e ideias por meio de contextualizações abstratas.

Wigman, Mary (1896-1973)   Pioneira da dança moderna, de origem alemã. Pupila de Laban, era conhecida como uma *performer* vigorosa, bem como fundadora da Wigman School of Dance, na Alemanha.

X   Baseado no trabalho de Irmgard Bartenieff. Uma posição na qual o dançarino está deitado, os pés e braços estendidos para as quatro diagonais de uma sala quadrada.

Referências bibliográficas

Alter, M.J. (1998). *Sport stretch: 311 stretches for 41 sports*. Champaign, IL: Human Kinetics.

Anderson, J. (1992). *Ballet & modern dance: A concise history*. Princeton, NJ: Princeton Books.

Anderson Sofras, P. (2006). *Dance composition basics: Capturing the choreographer's craft*. Champaign, IL: Human Kinetics.

Aschenbrenner, J. (2002). *Katherine Dunham: A dancing life*. Champaign, IL: University of Illinois Press.

Autard, J.S. (2004). *Dance composition*. New York: Routledge.

Bailey, C. (1994). *Smart exercise*. New York: Houghton Mifflin.

Bales, M., & Nettl-Fiol, R. (Eds.) (2008). *The body eclectic: Evolving practices in dance training*. Chicago: University of Chicago Press.

Blom, L.A., & Chapin, L.T. (1982). *The intimate act of choreography*. Pittsburgh: University of Pittsburgh Press.

Bremser, M., Ed. (1999). *Fifty contemporary choreographers*. New York: Routledge.

Brown, J.M., Mindlin, N., Woodford, C.H., Eds. (1998). *The vision of modern dance*. Princeton, NJ: Princeton Books.

Buckroyd, J. (2000). *The student dancer: Emotional aspects of the teaching and learning of dance*. London: Dance Books.

Chemlar, R.D., & Fitt, S.S. (1990). *Diet for dancers: A complete guide to nutrition and weight control*. Highstown, NJ: Princeton Books.

Cheney, G. (1989). *Basic concepts in modern dance: A creative approach*. Princeton, NJ: Princeton Books.

Clippinger, K. (2007). *Dance anatomy and kinesiology*. Champaign, IL: Human Kinetics.

Coe, R. (1985). *Dance in America*. New York: Dutton.

Cohen, S.J. (1965). *The modern dance: Seven statements of belief*. Middletown, CT: Wesleyan University Press.

Cohen, S.J. (1972). *Doris Humphrey: An artist*. Princeton, NJ: Princeton Books.

Copeland, R. (2004). *Merce Cunningham: The modernizing of modern dance*. New York: Routledge.

Cunningham, M. (1984). *The dancer and the dance*. New York: Boyars.

Cunningham, M. (1997). The function of a technique for dance. In D. Vaughn (Ed.), *Merce Cunningham: Fifty years* (p. 60). New York: Aperture.

Duncan, I. (1928). *My life*. London: Gollancz.

Dunford, M. (Ed.) (2006). *Sports nutrition: A practice manual for professionals*. 5th ed. Chicago: American Dietetic Association.

Feuerstein, G. (2008). *The yoga tradition: Its history, literature, philosophy and practice*. Prescott, AZ: Hohm Press.

Fonteyn, M. (1979). *The magic of dance*. New York: Knopf.

Foulkes, J. (2002). *Modern bodies: Dance and American modernism from Martha Graham to Alvin Ailey*. Chapel Hill, NC: University of North Carolina Press.

Franklin, E. (2014). *Dance imagery for technique and performance*. 2nd ed. Champaign, IL: Human Kinetics.

Graham, M. (1991). *Blood memory: An autobiography*. New York: Bantam, Doubleday, Dell.

Hackney, P. (2002). *Making connections: Total body integration through Bartenieff fundamentals*. New York: Routledge.

Hodes, S. (1998). *A map of making dances*. New York: Ardsley.

Horosko, M. (2002). *Martha Graham: The evolution of her dance theory and training*. Gainesville, FL: University of Florida Press.

Humphrey, D. (1959). *The art of making dances*. Princeton, NJ: Princeton Books.

Humphrey, D. (2008). *New dance: Writings on modern dance*. Hightstown, NJ: Princeton Book Company.

Humphrey, D., & Cohen, S.J. (Eds). (1995). *Doris Humphrey: An artist first*. Princeton, NJ: Princeton Books.

Jones, B.T., & Kuklin, S. (1998). *Dance*. New York: Hyperion Books for Children.

Kassing, G. (2007). *History of dance: An interactive approach*. Champaign, IL: Human Kinetics.

Kassing, G., & Jay, D.M. (2003). *Dance teaching methods and curriculum design: Comprehensive K-12 dance education*. Champaign, IL: Human Kinetics.

Kirstein, L., Stuart, M., & Balanchine, G. (2004). *The classic ballet: Basic technique and terminology*. New York: Knopf.

Langer, E. (1989). *Mindfulness*. Cambridge, MA: Da Capo Books.

Langer, E. (1997). *The power of mindful learning*. Cambridge, MA: Da Capo Books.

Lavender, L. (1996). *Dancers talking dance: Critical evaluation in the choreography class*. Champaign, IL: Human Kinetics.

Legg, J. (2011). *Introduction to modern dance techniques*. Princeton, NJ: Princeton Books

Legg, J. (May/June 2008). Katherine Dunham technique. *Dance Spirit* (12) 5:74.

Lerman, Liz. (2003). *Critical response process*. Takoma Park, MD: Liz Lerman Dance Exchange.

Lewis, D. (1984). *The illustrated dance technique of José Limón*. New York: Harper & Row.

Lillie, D. (November 2010). Katherine Dunham: Dancer, choreographer, educator, activist and innovator. *Dance Teacher* (32) 11:14.

Limón, J. (1998). *An unfinished memoir*. Middletown, CT: Wesleyan University Press.

Love, P. (1997). *Modern dance terminology*. Princeton, NJ: Princeton Books.

Martin, J. (1953, Apr. 12). The dancer as an artist. *New York Times* (1923-Current File), pp. SM19. http://search.proquest.com/docview/112854038?accountid=10559.

Mazo, J. (1977). *The prime movers*. Princeton, NJ: Princeton Books.

Minton, S.C. (2007). *Choreography: A basic approach using improvisation*. Champaign, IL: Human Kinetics.

Murray, J. (1979). *Dance now: A closer look at the art of movement*. New York: Penguin Books.

Nagrin, D. (1997). *The six questions: Acting technique for dance performance*. Pittsburgh: University of Pittsburgh Press.

Nagrin, D. (2001). *Choreography and the specific image*. Pittsburgh: University of Pittsburgh Press.

Newlove, J., & Dalby, J. (2004). *Laban for all*. New York: Routledge.

Perpener, J.O. (2001). *African-American concert dance: The Harlem Renaissance and beyond*. Champaign, IL: University of Illinois Press.

Pierre, D.B. (2005). A talk with Katherine Dunham. In V.A. Clark and S.E. Johnson (Eds.), *Kaiso! Writings by and about Katherine Dunham* (p. 249). Madison: University of Wisconsin Press.

Ross, J. (2000). *Moving lessons: Margaret H'Doubler and the beginning of dance in American education*. Madison: University of Wisconsin Press.

Siegel, M. (1969). Agents of change. Monograph. *Dance Perspectives* 38.

Solomon. R., Solomon, J., & Minton, S.C. (Eds.) (2005). *Preventing dance injuries*. Champaign, IL: Human Kinetics.

Sorell, W. (1966). *The dance has many faces*. New York: Columbia University Press.

Warren, L. (1977). *Lester Horton: Modern dance pioneer*. New York: Marcel Dekker.

Watkins, A., & Clarkson, P. (1990). *Dancing stronger, dancing longer: A dancer's guide to improving technique and preventing injury*. Hightstown, NJ: Princeton Books.

Índice remissivo

Nota: as letras *f* e *t* após os números de páginas indicam figuras e tabelas, respectivamente.

A

Abdução, 33-35, 33*f*
Abordagem eclética, 143-145
Abordagem orientada ao processo, 6
Ação muscular
    concêntrica, 33*f*
    excêntrica, 33*f*
    isométrica, 32-34
Adução, 33-35, 35*f*
Agilidade, 19-20
Água, 45-47
Ailey, A., 108-109, 112-116, 115*t*, 121, 137-138
Alinhamento adequado, 31*f*, 37-38
Alongamento e flexibilidade, 18-19, 40-43
Aluno, função do, 6-7
Alvin Ailey American Dance Theater, 114-116,
    115*t*
Análise Laban de movimento, 50
Anatomia, 29-34, 33*f*
Anotações, 36-37, 85-87
Apresentações
    aprender movimentos para, 85-89
    exercícios de relaxamento antes de, 88-90
    observação e reação a, 89-96
Aptidão relacionada à forma física, 18-20
Aquecimento, 8-10
Arco, 68-69
    forçado, 66-67
Art nouveau, 99-100
Arte visual, tendências na, 99-100
Assiduidade às aulas, 6-7
Astaire, A., 102*t*
Astaire, F., 102*t*
Atenção plena, 20-21

B

Bach, J. S., 127
Balanchine, G., 131-134
Balanço de forças opostas, 56-57
Barras, 5
Bartenieff, I., 61-62
Battement tendu, 65-66
Beatty, T., 108-109
Belasco, D., 103-104
Bernhardt, S., 103-104
Botticelli, S., 103
Bricolagem, 143-144
Brown, C., 134-136

C

Cage, J., 111-112, 135-136
Chaîne, 69-70
Chão, 28
Chase, A., 116-117
Chassé, 69-70
Chéret, J., 99-100
Cinco técnicas
    abordagem do instrutor e, 146-148
    breve resumo das, 123-125
    Cunningham, 2-3, 74-75, 111-112, 131-136,
      144-148
    Dunham, 2-3, 74-75, 139-144, 147-148
    Graham, 2-3, 74-75, 107-108, 128-131, 144-148
    Horton, 2-3, 74-75, 112-113, 136-140, 146-147
    Humphrey-Limón, 2-3, 74-75, 107-111, 124-
      128, 146-148
Cinesfera, 51-52
Cinesiologia, 29-30, 32-34, 35*f*
Circundução, 33-35, 35*f*
Coerência, unidade de um trabalho, 74
Colagem, 81-82
Colby, G., 119-120
Coluna vertebral, 11-12
Combinações
    aleatórias, 82-83, 114, 136, 138
    de movimento, 10
Composição corporal, 18-20, 42-43
Contração, 53, 67-68, 107-108 130*f*
Contraponto, 80
Contraste, 74-75
Coordenação, 19-20
Coreografia
    prática de, 87-89
    recordação da, 85-88
Coreógrafos, 72-74. *Ver também* Estilos de dança
    moderna.
    iconoclastas, 109-114
Corpo integrado, 53-55
Cunningham, M., 3, 81-82, 110*t*, 111-113, 121, 131-136

D

Dança contemporânea, 2, 120-121
Dança lírica, 2
Dança moderna. *Ver também* História da dança
    moderna; Estilos de dança moderna.
    aspectos únicos da, 10-12
    benefícios da, 3-5
    definição, 2

evolução da, 101-119
importância da, 120-121
no ensino superior, 118-121
origens da, 98-102
princípios, 4-7
Dança moderna, aula
aquecimento, 8-11
assiduidade, 7-8
combinações de movimento, 10
desaquecimento, 8-11
etiqueta, 6-8
exercícios em pé na, 8-10
exercícios no solo ou sentados, 8-10
movimentação no solo, 10
preparação para, 17-25
seis elementos da, 8-11
Dança moderna, estilos
abordagem do instrutor e, 146-148
abordagem eclética, 143-145
breve introdução dos, 123-125
Cunningham, 2-3, 74-75, 111-112, 131-136, 144-148
Dunham, 2-3, 74-75, 139-144, 147-148
Graham, 2-3, 74-75, 107-108, 128-131, 144-148
Horton, 2-3, 74-75, 112-113, 136-140, 146-147
Humphrey-Limón, 2-3, 74-75, 107-108, 109-111, 124-128, 146-148
Dégagé, 65-66
Delsarte, F., 37-38, 98-99, 103, 119-120
Demi-plié, 64-66
Desaquecimento, 10-11
Design de figurino, cenário e iluminação, 92-94
Deslizamento, 68-69
Développé, 66-67
Direções de palco, 64*f*
Dor, 37-39
Duncan, I., 101-104, 102*t*, 119-121, 124-125
Dunham, K., 3, 105*t*, 108-109, 110*t*, 121, 139-144

E

Eberhardt, A.R, 142-143
Elementos da dança, 50-53
En croix, 65-66
Entrelaçamento, 78-80
Equilíbrio, 19-20, 74
Equipamentos de dança, 16-18
Espaço, como elemento de dança, 50
Espaço pessoal, 28-30
Espelhos, 5
Espirais, 129-130, 131*f*
Estilos de dança moderna
abordagem do instrutor e, 146-148
abordagem eclética, 143-144
breve introdução dos, 123-125
Cunningham, 2-3, 74-75, 111-112, 131-136, 144-148
Dunham, 2-3, 74-75, 139-148
Graham, 2-3, 74-75, 107-108, 128-131, 144-148
Horton, 2-3, 74-75, 112-113, 136-140, 146-147
Humphrey-Limón, 2-3, 74-75, 107-111, 124-128, 146-148
Estrutura da peça (dançarinos)
dueto, 80
grupo, 80
solo, 80
Estruturas coreográficas, 78-83

Estúdios de dança, 5, 28
Estudo da dança, 71
Etiqueta para alunos, 6-8
Exercício(s)
de relaxamento, 88-90
físicos, 43-45
no solo, 8-10
Extensão, 33-35, 33*f*, 35*f*

F

Fadiga, 37-38
Fleming, A., 105*t*
Flexão, 33-35, 33*f*, 35*f*
Flexibilidade e alongamento, 18-19, 40-43
Fluência, 50-51, 53
contida, 51
livre, 51
Foco, 87-88
Força, 19-20
muscular, 18-19, 42-43
Forma(s)
ABA, 82-83
física, 42-45
rondó, 82-83
naturais, 82-84
Forsythe, A.M., 137-139
Frase(s)
desenvolvimento de, 77-78
diminuição de, 77-78
expansão de, 77-78
Fuller, L., 101-103, 121

G

Galope, 68-69
Gelo, para lesões, 38-39
Gershwin. G., 105*t*
Gilbert, M., 119-120
Giros, 69-70
Graham, M., 3, 6-7, 22-23, 80-81, 99-100, 105*t*, 106-108, 113-116, 119-121, 128-134
Grand battement, 65-66
Grande plié, 64-66
Grapevine, 69

H

H'Doubler, M., 119-121
Habilidades locomotoras, 10
Halprin, A., 120-121
Hawkins, E., 107-108
Hidratação, 45-47
História da dança moderna. *Ver também* Estilos de dança moderna
acontecimentos importantes (1900-1919), 102t
acontecimentos importantes (1920-1939), 105t
acontecimentos importantes (1940-1959), 110t
acontecimentos importantes (1960-1979), 115t
acontecimentos importantes (1980-2000), 117t
análise Laban de movimento, 99
colaboradores (1980-2000), 116-119
Delsarte, 98-99
iconoclastas (1940-1960), 109-114
industrialização, 98
matriarcas (1900-1920), 101-104
movimento feminista, 98
mudanças sociais e políticas, 99-102

no ensino superior, 118-121
pioneiros (1920-1940), 104-109
resumo, 121
segunda geração (1940-1960), 108-111
sintetizadores (1960-1980), 114-117
tendências na arte visual, 99-100
três constantes em, 120-121
Holm, H., 108-111, 110*t*, 113-116, 119-120
Horst, L., 113-144, 130-131
Horton, L., 3, 110*t*, 112-116, 136-140
Hubbard Street Dance Chicago, 116-117
Humphrey, D., 105*t*, 106-111, 114-116, 119-121, 124-125, 127, 133-134

I

Iconoclasta, definição, 111-112
Imagens, identificação de, 94-95
Improvisação
definição, 10-12, 75-76
inspiração para, 75-77
Inclinação, 67-68
Indisposição, 37-38
Industrialização, 98
Instrutores de dança
função dos, 5-6
identificação da abordagem dos, 146-148
Intenção do artista, 93-95

J

Jamison, J., 115*t*
Johns, J., 111-112
Jones, B.T., 72, 117-119, 121
Jooss, K., 99
Jowitt, D., 116-117, 131-132

L

Laban, R. von, 50-55, 98-99, 107-111
Langer, E., 20-21
Larson, B., 119-120
Leap, 68-69
Lesão
aguda, 39-40
crônica, 39-40
prevenção de, 35-39
tratamento de, 38-41
Lewis, D., 126
Lewitzky, B., 112-113, 136-137
Ligamentos, 33-35
Limón, J., 54-55, 108-111, 114-116, 121, 124-127

M

Macronutrientes, 44-45
Marcação, 88-89
Martin, J., 125
Maslow, S., 101-102
Matriarcas da dança moderna, 101-104
Medo de palco, 88-90
Memória visual, 85-86
Metáforas, busca por, 94-96
Método
acumulativo, 141-142
Feldenkrais, 145-146
Franklin, 145-146
PRICE, 38-40
Trager, 145-146

Modernismo, 99-100
Motif e desenvolvimento de frases, 77-80
Movimento feminista, 98
Movimento(s)
a partir do *core*, 126
articulatórios, 33-35, 35*f*
com giro, 69-70
diretos, 50
específicos da dança moderna, 53-56
indiretos, 50
iniciado no centro, 53-54, 126
intensos, 51
locomotores, 68-70
não locomotores, 64-67
no solo, 10-11
rápidos, 51
semelhantes a arcos e sucessivos, 66-68
suaves, 49
sustentados, 49
Movimentos básicos
giros, 69-70
locomotores, 68-70
não locomotores, 64-67
semelhantes a arcos e sucessivos, 66-69
Mucha, A., 99-100
Mudança de frente, 78-80
Mumma, G., 135-136
Musa, 74-75
Música
escrever sobre dança e, 91-93
experiência de sala de aula e, 6-7
polirrítmica, 142-143
técnica Cunningham e, 134-136
técnica Dunham e, 142-144
técnica Graham e, 130-131
técnica Horton e, 139-140
técnica Humphrey-Limón e, 127-128
Músico, função do, 6-7

N

Nikolais, A., 110*t*, 113-114
Níveis, uso de, 52-53
Noguchi, I., 105*t*, 107-108
Nutrição, 44-47

O

Obras-primas, 101-102

P

Paciência, 22-24
Page, R., 108-109
Passé, 66*f*
Passo da *grapevine*, 69-70
Pavlova, A., 102*t*
Pendleton, M., 116-117
Pés flexionados, 11-12, 55-56
Peso, 50-51
Picasso, P., 99-100
Pilates, 145-146
Pilobolus Dance Theatre, 116-118
Planos dimensionais, 52*f*
Plié, 64-65, 130-131
Policentrismo, 141-142
Pollock, J., 132-134
Ponta esticada e pé flexionado, 11-12, 54-55

Pontualidade, 7-8
Posição anatômica, 32-34, 34f
Posições básicas
    posições com pés e pernas paralelos, 56f-57f
    posições de braço, 60f-61f
    posições de pés e pernas rotacionados para fora, 57f-59f
    posições de solo, 62f-64f
Prática, 6-7, 87-90
Práticas somáticas, 144-147
Preferência pela fluência à forma, 53-54
Preparação
    mental, 19-25
    mente-corpo, 24-25
Princípios estéticos, 72-75
Processo criativo, 72-74
Professores de dança
    função dos, 5-6
    identificação da abordagem de, 146-148
Programas universitários de dança, 118-121
Propriocepção, 24-25, 39-40
Pulo, 68-69

Q

Queda e recuperação, 67-68, 125, 127, 147-148

R

Rauschenberg, R., 111-112
Rebound, 66-67
Recordação das coreografias, 85-88
Reflexão, 22-23, 90-91
Relaxamento, 67-68, 107-108
Relevé, 66-67, 130-131
Repetição, 22-23, 74-75, 77-78
Repouso, 44-47
Resistência
    cardiorrespiratória, 42-43
    muscular, 18-19, 42-43
Respiração, 53-54, 103-104
Rotação, 33-35, 35f, 56-57
Roupas adequadas para dança, 7-8, 16-17

S

Salto, 68-69
Salto alternado, 68-69
Salto com joelhos altos, 68-69
Segurança
    estúdio, 28
    pessoal, 28-30
Senso
    artístico, 22-24
    cinestésico, 24-25
    espacial, 24-25
Sentada do alfaiate, 62f
Shawn, T., 90-91, 102t, 103-107, 114-116
Siegel, M.B., 120-121
Símbolos
    abstratos, 80-82
    narrativos, 80-81
Sistema esquelético, 29-32
Sistema muscular, 32f-33f
Sokolow, A., 101-102
St. Denis, R., 90-91, 101-107, 102t, 121

Suspensão, 146-147
Swing
    de braços, 66-67
    de pernas, 66-68
    do corpo, 67-68

T

Tamiris, H., 99-102
Taylor, P., 114-116, 115t
Tecido conjuntivo, 33-35
Técnica(s). *Ver* Dança moderna, estilos
    Alexander, 144-145
    coreográficas, 74-80
    Cunningham, 2-3, 74-75, 111-112, 131-136, 144-148
    Dunham, 2-3, 74-75, 139-144, 147-148
    Graham, 2-3, 74-75, 107-108, 124-125, 128-131, 144-148
    Horton, 2-3, 74-75, 112-113, 136-140, 146-148
    Humphrey-Limón, 2-3, 74-75, 107-111, 124-128, 139-140, 146-148
Tema e variações, 82-83
Tempo, 6, 50-51, 78-80
    de reação, 19-20
Tendões, 33-35
Tensão em linha diagonal, 126f
Terapias corporais, 144-147
Tharp, T., 115t, 114-117, 121
Three-step turn, 69-70
Torção, 67-68
Toulouse-Lautrec H., 99-100
Triplet, 69-70
Trisler, J., 112-113, 138-139
Truitte, J., 112-113
Twyla Tharp Dance Foundation, 116-117

U

Unidade de um trabalho, coerência, 74
Uníssono, 80

V

Variação, 77-78
Variedade, 74
Velocidade, 19-20
Vídeo *versus* apresentação ao vivo, 93-94
Vitaminas e suplementos, 45-46
Vocabulário de movimento, 2, 24-25

W

Warhol, A., 111-112, 120-121
Weidman, C., 106-107, 113-116, 119-120
Wigman, M., 50, 99, 105t, 107-111, 113-114, 139-140
Williams, L., 140-141

X

X, posição, 62f

Y

Yoga, 145-147

Z

Zane, A., 117-118